PAULA FROELICH

um QUÊ especial!

9 SEGREDOS DOS RICOS E FAMOSOS PARA VOCÊ ALCANÇAR O SUCESSO

Tradução
Maria Clara de Biase W. Fernandes

CIP-BRASIL. CATALOGAÇÃO-NA-FONTE
SINDICATO NACIONAL DOS EDITORES DE LIVROS, RJ.

F956q

Froelich, Paula
    Um quê especial!: 9 segredos dos ricos e famosos para você
alcançar o sucesso / Paula Froelich; tradução Maria Clara de Biase W.
Fernandes. – Rio de Janeiro: Best Seller, 2006.

    Tradução de: It!: 9 secrets of the rich and famous that will take you
to the top
    ISBN 85-7684-100-2

    1. Sucesso. 2. Auto-realização. 3. Celebridades – Conduta. I. Título.

05-4115.   CDD 158.1
                 CDU 159.947

Título original norte-americano
IT! NINE SECRETS OF THE RICH AND FAMOUS
THAT WILL TAKE YOU TO THE TOP
Copyright © 2005 Paula Froelich

Capa: Tita Nigrí
Foto de capa: Grupo Keystone
Editoração eletrônica: Futura

Todos os direitos reservados. Proibida a reprodução,
no todo ou em parte, sem autorização prévia por escrito da editora,
sejam quais forem os meios empregados.

Direitos exclusivos de publicação em língua portuguesa para o Brasil
adquiridos pela
EDITORA BEST SELLER LTDA.
Rua Argentina, 171, parte, São Cristóvão
Rio de Janeiro, RJ – 20921-380
que se reserva a propriedade literária desta tradução.

Impresso no Brasil

ISBN 85-7684-100-2

SUMÁRIO

Introdução
Começando ▪ 7

Capítulo Um
As regras da fama ▪ 13

Capítulo Dois
Atitude + Dedicação = Sucesso ▪ 37

Capítulo Três
Tudo tem a ver com o momento e o lugar certos ▪ 52

Capítulo Quatro
Você tem a aparência adequada? ▪ 63

Capítulo Cinco
Tenha uma boa assessoria de imprensa ▪ 80

Capítulo Seis
Como a imprensa funciona e como você pode fazê-la funcionar ▪ 109

Capítulo Sete
O poder da tevê ▪ 127

Capítulo Oito
Nem sempre tem a ver com você! ▪ 140

Capítulo Nove
Mantendo o sucesso e a fama ▪ 148

INTRODUÇÃO

Começando

O que é fama? Por que as pessoas querem ser famosas? Qual é a diferença entre ser famoso e ser notório? Ser único ainda é importante? Por que algumas pessoas parecem ter nascido populares, bonitas e maravilhosas enquanto o resto de nós aparentemente foi deixado na obscuridade? Por que uma pessoa se torna uma "especialista" em tevê, quando tem consciência de que pode fazer um trabalho melhor?

Trabalho para a coluna de fofocas Page Six do Jornal *The New York Post*, o que significa ter de enfrentar essas questões feitas por mim mesma ou por pessoas que telefonam diariamente. Junto com meu colega Chris Wilson e meu chefe, Richard Johnson, decido quem é suficientemente famoso para ser mencionado em nossa coluna e quem é suficientemente quente para merecer coroação na Page Six, o que pode garantir acesso ao clube altamente exclusivo dos nomes em destaque. Escolhemos as pessoas suficientemente interessantes para merecer menção, e nem sempre são aquelas as óbvias.

Mas aprendi algo na Page Six: as celebridades são feitas, não nascem como tal. Há toda uma máquina por trás de cada uma delas — seja operada por uma equipe ou pela própria pessoa. Há regras nesse jogo da fama que todos deveriam conhecer. Por quê? Porque se você é corajoso o suficiente para levar sua carreira ou

8 um QUÊ especial!

seu negócio adiante pode se tornar mais bem-sucedido do que jamais sonhou. Na verdade, pode alcançar qualquer nível de sucesso que quiser, em qualquer área, seguindo as lições apresentadas neste livro.

Como Page Six produz muitas das histórias que as revistas e os jornais nacionais apresentam e acompanham, estou posicionada na base, com uma visão geral de como os astros são feitos. Em um dia típico, meu telefone toca centenas de vezes. Minha caixa de entrada de e-mails é fora de série. O tom desses correspondentes varia de calmo e profissional a desesperado e enlouquecido. Há o profissional de relações públicas (RP) que perderá seu emprego se eu não concordar em cobrir seu evento. Há a minha mãe. Há uma fonte confiável que "viu" uma estrela de cinema beijando um astro do rock no Clube Cabana. Há a pessoa do departamento de publicidade de uma produtora de filmes que quer a cobertura de uma pré-estréia e promete que Elvis Presley estará presente na festa que se seguirá. Há o diretor de uma agência de talentos telefonando para dar informações particulares sobre um rival, ou o executivo da gravadora de música se gabando de sua última aquisição. E sempre há a pessoa de RP que suspeita da futura menção de um cliente em minha coluna e quer que eu suprima a nota porque o cliente não deseja "superexposição".

Oitenta por cento dos e-mails e telefonemas que recebo são de assessores de imprensa com uma nota, ou pelo menos o que esperam que eu ache bastante interessante para se tornar uma. Os melhores assessores de imprensa que conheço sabem de antemão o que quero e quando quero. Sabem o que terão de apresentar no futuro (Gwyneth deixou Chris, e Brad deixou Jennifer, e eles estão juntos outra vez!) para que eu considere usar uma nota pouco excitante (leia-se entediante) sobre seu cliente um dia famoso, de quem ninguém ouviu falar nos últimos três anos (se bem que, no mundo selvagem em que vivo, os principais assessores de imprensa provavelmente já descartaram esse cliente). Isso pode parecer cruel, mas vamos encarar o fato de que um determinado anúncio na Page Six

Introdução 9

pode custar 30 mil dólares, por isso é melhor que a nota valha seu peso em ouro.

O que eu tenho a lhe oferecer, se você não está namorando Tom Cruise, não é protagonista do último grande filme ou não apareceu em um filme pornográfico caseiro com Paris Hilton? Inúmeras vezes, eu publico uma nota na Page Six porque é interessante, a pessoa realmente fez bem o seu trabalho em termos do que funciona como nota e tenho a sensação de que, embora o assunto ainda não possa ser capa da revista *People*, é quente e promissor. Concedo uma oportunidade a essa pessoa. E mostrarei a você neste livro como maximizar suas chances de ter esse tipo de sucesso.

Mas, em primeiro lugar, deixe-me lhe dizer o que você enfrentará nas linhas de frente do colunismo social. Um dia desses, na Page Six, eu estava fazendo exatamente o que costumo fazer perto do horário de fechamento — checando fatos, respondendo a perguntas de meu chefe/editor, Richard, e enviando alguns e-mails — quando os telefones explodiram. Eram 16h30, e precisamos de ter nossas matérias prontas até as 17h30; caso contrário, ouviremos os gritos do chefe de Richard, Steve Cuozzo, "o homem-crustáceo", que sempre fica de mau humor nessa hora, especialmente quando está tentando terminar de escrever sua coluna imobiliária, o que, coincidentemente, estava fazendo nesse dia.

Telefonema 1, 16h30: "Oi, quem está falando é [assessor de imprensa], da [empresa]. Só quero saber se você recebeu nosso fax sobre a festa beneficente de quinta-feira à noite, e se virá."

(Minha resposta: "Não recebi o fax, não sei se vou e só decidirei na noite de quinta. Obrigada. Estou fechando a coluna.")

Telefonema 2, 16h35 (de uma relações-públicas realmente irritante que termina cada frase com uma interrogação): "Oi? Esta nota não é realmente encantadora? Angie Everhart estava na festa de lançamento da nova fragrância de Michael Kors e perguntou: 'Onde você comprou sua camisa?' Entendeu? Não é engraçado? Quero dizer, ela estava falando com Michael Kors, e a camisa era dele. Você

10   um **QUÊ** especial!

pode pôr na coluna?" (Minha resposta, um pouco menos delicada do que a da última vez: "Em primeiro lugar, odeio a palavra *encantadora* e, em segundo, não, essa é uma nota atrasada!")

Telefonema 3, 16h37: "Olá. Estou telefonando da [empresa] e queremos divulgar algo exclusivamente para você." (Sim, o quê? — um tanto ansiosa.) "Na quinta-feira, Sarah Jessica Parker estará na Macy's apresentando a nova coleção de diamantes." (E daí?) "Bem, não contamos para mais ninguém." (É porque isso não interessa a ninguém!) Fim do telefonema.

Telefonema 4, 16h41: "Quem fala é a [promotora de festas]. Acabei de saber que Gwyneth Paltrow se casou hoje em [lugar]." (Minha resposta, desta vez animada: "Obrigada. Estou pasma. Vou checar.") "Ótimo, mas você pode pôr outra coisa na coluna para mim? Meu cliente está no meu pé..." (Agora estou desconfiada, mas pergunto qual é a nota. É pouco interessante, sei disso. A promotora de festas ainda está falando, e agora devo a ela um favor pela informação sobre a Gwyneth, que, afinal de contas, era verdade. A nota era pouco interessante, mas uma coisa pela outra...)

Telefonema 5, 16h46: "Paula, é a sua mãe." (Minha resposta, a universal: "Mãe, não posso falar agora...") E a resposta universal das mães: "Você nunca pode falar comigo. Está sempre fechando a coluna. Sempre ocupada. Eu poderia morrer e..." ("Mãe, posso falar com você depois? Por favor?")

16h50: Uma rápida parada para fumar lá fora. Quantas vezes a culpa inspirada pelas mães resultou em uma necessidade de fumar?

Telefonema 6, 17h: "Boa-tarde. Sou da [empresa de relações públicas] e estamos atualizando nossos cadastros. Você tem um momento para confirmar algumas informações?" (Minha resposta: *clique*.)

Telefonema 7, 17h05: "Boa tarde. Posso lhe enviar um e-mail?" (Posso impedi-lo?)

Telefonema 8, 17h12: "Oi. Tenho um restaurante na Bond Street e só quero dizer que Ethan Hawke e sua nova namorada estiveram aqui na noite passada no maior agarramento." (Minha resposta: "Legal. Você pode me mandar um e-mail? Deixe o número de seu telefone. Estou ocupada agora, mas prometo ligar para você amanhã.")

Telefonema 9, 17h15: "Oi, Paula. É [relações-públicas]. Chequei aquela nota para você. Debra Messing nem estava em Nova York naquele dia, portanto não poderia ter dançado no bar em cima da mesa sem calcinha. E com três rapazes de 18 anos? Ela ficou na Iugoslávia o mês inteiro filmando um comercial de cerveja." (Minha resposta: Suspiro. Deixo a nota para lá.)

Telefonema 10, 17h20: "Quem fala é Wayne, do Brooklyn, e só quero dizer que sou um leitor assíduo do *Post* há dez anos, mas estou cancelando a minha assinatura. Parem de massacrar o Michael Jackson! Quando ele dormiu com aqueles garotos, só estava sendo paternal!!" O telefone bate na minha cara.

Acreditem ou não, consegui fechar a minha coluna naquele dia. Quase sempre fecho na última hora. Todos os dias meu telefone toca sem parar e o que geralmente distingue um telefonema do outro é que, enquanto a maioria é de relações-públicas tentando vender um "produto", alguns são bons nisso e outros não. Qual é a moral da história? Se não quero perder meu tempo com alguém que é mal preparado, não distingue uma boa nota de uma ruim e não sabe apresentar sua história de forma eficaz e, portanto, não alcança o resultado desejado. Garanto que, independentemente de onde você mora, de sua profissão, do que está tentando vender e do trabalho que está tentando conseguir, tem de aprender a fazer isso direito, e é o que me proponho a ensiná-lo aqui.

CAPÍTULO UM

As regras da fama
(e como elas podem fazer de você um sucesso)

Admita. Pelo menos uma vez na vida você sonhou ser uma pessoa fascinante e carismática com aquele brilho inefável que faz todas as cabeças se virarem quando entra em uma sala. Uma pessoa com um "quê".

Para muitos, esse é um sonho que começa e termina no ensino fundamental. Para outros, continua até a universidade e depois se transforma em uma verdadeira ambição, um objetivo. Mas, com freqüência, não se traduz em um plano, principalmente porque o sonhador não sabe como transformar o sonho em realidade. Se você está nesse ponto de paralisia, sabendo que reúne os meios para alcançar o sucesso, a fama e o estrelato, é hora de agir.

Pouquíssimas pessoas nascem com um "quê" inatingível pelo resto de nós. Acredite em mim. Se é isso que você pensa ao assistir a muitas *E! True Hollywood Story* (Série de documentários sobre a vida de celebridades veiculada pelo canal a cabo Entertainment Tonight. *N. do E.*) ou ao ler muitos artigos da revista *People*, estou aqui para lhe dizer que está enganado. As celebridades do mundo dos espetáculos ou de qualquer área são produzidas, não nascem nessa condição.

Como uma repórter da nacionalmente conhecida coluna de fofocas Page Six do *The New York Post* durante os últimos cinco

14   um **QUÊ** especial!

anos vi a fama vir e ir, as famosas ascensão e queda. Vi que algumas pessoas sabem trabalhá-la enquanto outras não e, como resultado disso, aprendi o que funciona e estou prestes a ensinar isso a você.

A verdade é que, com um pouquinho de talento e muito trabalho, praticamente todos (guiados por alguns bons conselhos) podem ir além de seu universo anônimo sem charme e entrar naquele almejado círculo conhecido como o grupo dos famosos.

Essas regras são valiosas não só para quem busca fama, celebridade e sucesso no cinema e no teatro, mas também para todos os que querem realizar um sonho, abrir um negócio ou conseguir o emprego ideal. Se você não acredita em mim, pense em Donald Trump, que, no início dos anos 1990, logo após se proclamar pela primeira vez um bilionário, disse para sua mulher na época, Marla Maples, quando passavam por um mendigo na rua: "Esse cara tem mais dinheiro do que eu." Mas Donald sabe que o que ele vende é um sonho, uma marca — é ele mesmo! Há milhares e milhares de exemplos, em maior ou menor escala, de pessoas que aprenderam a utilizar as técnicas dos melhores profissionais de RP (que, afinal de contas, são em grande parte os responsáveis por tornar as pessoas famosas), a usar a mídia e a se transformar em celebridades.

Então, pergunte a si mesmo: está cansado da monotonia de sua vida? Começou a alcançar o sucesso em sua área de atuação, mas está em dúvida sobre como chegar ao topo? Deseja ardentemente ser maravilhoso, famoso? Não se preocupe. Apenas continue a ler, e pense POSITIVO.

DESCUBRA SEU TALENTO
(E OUTRAS LIÇÕES QUE MINHA MÃE ME ENSINOU)

Todos têm um talento, garanto. Pode ser algo etéreo, como a capacidade de compor uma sinfonia. Por outro lado, pode ser algo tão terreno quanto ser a melhor dona-de-casa da cidade. (Preciso lembrá-lo do sucesso de Heloise, Martha Stewart e as várias divas domésticas que publicaram livros, apareceram em programas de tevê e ganharam uma fortuna?) Não importa qual seja o seu talento, todos têm algo que fazem bem — talvez até mesmo melhor do que qualquer outra pessoa. Portanto, eis as dez regras do talento para ganhar a dianteira.

Regra 1: Descubra no que você é bom, e faça isso!

Dan Klores é um dos assessores de imprensa mais poderosos de Nova York. Lançou (para não dizer salvou) as carreiras de muitas celebridades, inclusive Britney Spears, Sean "Puffy" Combs (Puffy Daddy. *N. do E.*) e Jennifer Lopez. Klores é um homem de cinqüenta anos com barba e cabelos grisalhos, e um olhar penetrante do qual nada escapa. Ele viveu e trabalhou no Sul por muitos anos, preparando-se para o grande momento, e saiu de lá para, basicamente, dominar Nova York. Eu sempre atendo seus telefonemas.

Durante um almoço no sublime DB Bistrô Moderne, no centro de Manhatan, eu perguntei a Klores sobre o reaparecimento de Donald Trump como a imagem do sucesso. Klores foi assessor de imprensa de Trump por muitos anos. "Vi Donald Trump construir o nome de sua marca brilhantemente", observou Klores. "O pai dele era apenas um construtor, mas Donald sempre soube da importância de construir sua marca e ter um ego forte. A questão se resumia a descobrir seu talento. Bem, tinha talento para negociar e ganhar dinheiro. Conhecia intuitivamente as pessoas, conhecia mesmo."

"Dar uma de Donald": quando alguém torna o seu próprio nome mais famoso do que o de sua empresa ou produto. Por meio de autopromoção constante, *branding* (gestão de marcas) e outros meios maquiavélicos, ele sabe que pode vender qualquer produto com seu nome. Uma espécie de teoria da "carroça diante dos bois". Adeptos famosos incluem Martha Stewart (Apresentadora de tevê e autora que fala ao público feminino. *N. do E.*), o guru da auto-ajuda Tony Robbins e Leona Helmsley. (Viúva do magnata americano Harry Helmsley. *N. do E.*)

16 um QUÊ especial!

Assim como na construção dos cintilantes arranha-céus visíveis contra o céu de Manhattan, Trump foi tão bem-sucedido na construção de seu próprio nome — principalmente em razão de seus aparecimentos nas colunas sociais e da publicação de livros como *A arte da negociação* — que ninguém realmente se importou com o fato de ele não ter dinheiro. Foi tão bom em manter seu perfil pessoal que, quando suas debêntures perderam valor, ninguém ligou para isso. Quando eu me esforçava para obter uma hipoteca para a minha pequena casa em Catskills, meu agente hipotecário, Seth, disse: "Alguém sempre emprestará para ele porque é Donald Trump. Seu nome vale ainda mais do que seus prédios." Seth fez essa observação antes do enorme sucesso de Trump na televisão, *O Aprendiz*, talvez o melhor exemplo que já vi de extensão de marca.

Em outras palavras, Donald foi capaz de identificar seu próprio talento (não perdeu muito tempo com projetos que não tiravam o melhor proveito de suas habilidades) e, assim, criar um império. Você quer se tornar o "Donald Trump" de sua profissão, independentemente de ser corretor de imóveis, padeiro, dono de loja de antigüidades ou fornecedor? Use a carreira dele como mapa do caminho!

Ou me tome como exemplo.

Meus únicos verdadeiros talentos são escrever e ser capaz de conversar com um tijolo na parede — durante horas, se necessário. Nos primeiros trinta minutos, terei conseguido a história de toda a vida desse tijolo, classificado alfabeticamente as coisas de que gosta e não gosta e obtido os detalhes de sua vida amorosa (o que, geralmente, leva pelo menos mais meia hora — o amor nunca é fácil!) Mas nem sempre eu soube traduzir essa "habilidade", minha "lábia", em uma carreira.

Com toda sinceridade, pela vontade de meus pais, hoje eu seria médica ou advogada, senão as duas coisas de uma vez. Mas, no meu segundo ano na Emory University, em Atlanta, já tendo cumprido a maioria dos requisitos relativos à ciência política, tive um colapso nervoso. (Leia-se: tranquei-me em meu dormitório por uma

As regras da fama   **17**

semana, recebendo apenas o entregador de pizza de rosto redondo a intervalos regulares para me alimentar.) Durante esse tempo, eu me imaginei usando terninhos cinza pelo resto da vida e inocentando estupradores de seus crimes. Comecei a arrancar obsessivamente os pêlos de minhas pernas. Sei. Não foi bonito.

Depois de uma semana de semi-insanidade, finalmente reuni coragem para dizer aos meus pais que não seguiria o destino que eles desejavam para mim. Após fazer um breve discurso sobre a importância de um plano de aposentadoria e falar sobre coisas das quais não me lembro mais, acabaram aceitando minha decisão, que, para eles, também significava que eu acabaria morando em sua casa para sempre. Mas, antes que minha mãe pudesse começar a arrumar meu quarto, juntei-me à equipe do jornal da escola e soube imediatamente que tinha encontrado minha vocação.

Eu supunha que um jornalista deveria saber escrever (embora nem sempre seja assim — pergunte a qualquer editor!) e falar com qualquer pessoa a qualquer momento, arrancando-lhe a história de sua vida sem que ela ao menos se desse conta do que estava acontecendo. Perfeito para mim, certo?

Em minha carreira, escrevi páginas femininas para um jornal inglês de circulação nacional e artigos sobre estilo de vida para revistas masculinas. Também aprendi muito sobre finanças com os corretores de Wall Street quando escrevia sobre as operações de derivativos no mercado de balcão. (Não me pergunte — ainda estou tentando explicar isso para minha mãe.) Finalmente, consegui furos sobre as maiores celebridades, os eventos mais quentes ou apenas as fofocas mais picantes — tudo porque tenho o dom de fazer as pessoas se sentirem à vontade para se abrir comigo e um instinto para notícias. Além disso, vi de perto como agentes, administradores, relações-públicas, estilistas e outros criam celebridades.

Se tivesse decidido concluir a faculdade de direito, estou certa de que, de algum modo, teria conseguido, mas sem dúvida seria muito infeliz e, provavelmente, não seria uma boa advogada, trabalhando

18   um QUÊ especial!

em um escritório nos fundos de algum prédio e pensando em furar o meu próprio olho com um garfo. O que me leva à regra 2.

Uva-passa: uma pessoa que tem um sonho mas nunca foi em busca dele. Em vez disso, continua em seu outro negócio e, como Gollum com o Anel, fica obcecada e acalenta seu sonho sem nunca colocá-lo em prática. Geralmente, essa pessoa é como a última uva-passa da caixa, seca e murcha — e geralmente torna-se amarga. Sempre detestei uvas-passas.

Regra 2: Não tente fingir um talento que você não tem!

Você sabe do que estou falando. Quantas vezes já viu alguém tentando ser o que não é? Isso pode funcionar por pouco tempo ou, às vezes, até mesmo por toda a vida. Mas nunca o fará feliz e, quase sempre, as pessoas acabarão vendo você como uma fraude. Digamos que você queira ser um âncora de tevê mas não consegue ler um teleprompter (não importa o quanto pratique), tem uma voz horrível e não se comunica bem com o público. Ou, como Albert Brooks no filme *Nos Bastidores da Notícia*, começa a suar em bicas assim que a luz vermelha acende. É claro que as duas primeiras hipóteses podem ser um pouco melhoradas com a prática contínua e o treinamento de voz, mas ainda subsiste o fato de você deixar seu público indiferente (e o problema do suor). Mas digamos que você tenha tentado por algum tempo ser âncora e, nesse processo, descobriu que tem talento para escrever notícias ou reconhecer uma grande reportagem. Não teime em ser âncora só porque isso é o que sempre achou que seria. Adapte-se, reflita e se torne o melhor produtor de notícias da área. Acredite em mim, você ficará mais satisfeito e terá mais sucesso.

Às vezes, você precisa saber quando um sonho se torna irrealizável. Uma amiga minha namorou durante anos um

As regras da fama   19

homem extremamente deprimido. Ele sempre quis ser ator, mas, em vez disso, trabalhava com computação gráfica. Quando era mais jovem, nunca foi realmente atrás de seu sonho de atuar, presumindo que algo simplesmente cairia do céu. Mais tarde, fez isso sem muito empenho. Mas sempre dizia que queria ser ator. Como jamais se mexeu ou fez algo com dedicação, acabou um quarentão que fuma maconha, não tem dinheiro e é chato. Está na hora de sonhar com outra coisa, meu caro.

Essa síndrome é evidente em toda parte, mas talvez em nenhuma o seja tanto quanto entre as "celebridades" dos reality shows. Depois de se venderem (e quero mesmo dizer "se venderem") em programas como *The Bachelor, The Bachelorette, No limite* etc., os infelizes "ganhadores" sempre parecem desistir de suas antigas profissões para tentar entrar no mundo dos espetáculos, em vez de simplesmente aceitarem que tiveram sorte uma vez e voltarem ao que faziam antes. Zora, a professora que conquistou o coração de Evan em *Joe Millionaire* (Reality show em que mulheres competem para conquistar um falso milionário. *N. do E.*), depois de seu triunfo contratou um empresário e anunciou que tomaria de assalto os mundos das séries e das vendas pela televisão. Infelizmente, ainda não vi Zora na tevê ou qualquer um dos "produtos" que estaria anunciando. Ela se fixou em algo que não é real, não é autêntico, trocando seu verdadeiro eu por uma miragem. Deveria ter ficado com seus quinze minutos de fama e voltado ao planeta Terra — ao seu antigo trabalho.

Os que estão fora da realidade: aquelas pessoas chatas que participam de um reality show e acham que deveriam ser tratadas como Meryl Streep. Os que estão fora da realidade se revelam em todos os aspectos da vida — pessoas que fizeram um comercial local e acham que deveriam ser tratadas como reis ou rainhas, as que andam com alguém semifa-

20 um **QUÊ** especial!

moso, as que não *fazem* realmente nada, mas por meio da sorte ou de um bom senso de oportunidade conseguiram algum tipo de atenção passageira. Como na canção de *O Mágico de Oz*, "Leões, tigres e ursos. Meu Deus!" Repitam comigo: "Trista, Ryan e Bob Guiney — argh!" (Os três são astros de reality shows. *N. do E.*)

Falando em planetas, Matthew Rich, cuja empresa se chama Planet PR, é um homem alto, magro e de modos impecáveis que, entre outras coisas, ajuda a preparar as ganhadoras do Miss America Pageant para a vida pública. Ele diz: "Falo para as minhas clientes que elas têm de ser autênticas; caso contrário, isso transparecerá em suas apresentações."

A mídia pode ser cruel com as pessoas que não são consideradas autênticas. Steven Gaines é um dos mais formidáveis jornalistas sociais e, muitas vezes, assistiu à capacidade de a sociedade descartar as pessoas quando se revelam algo diferente do esperado. Steven talvez seja o maior especialista na sociedade dos Hamptons (Balneário de férias freqüentado pelos ricos e famosos nos Estados Unidos. *N. do E.*) e até mesmo escreveu um livro sobre isso, *Philistines at the Hedgerow*. Ele observa que é essencial, para aqueles que obtêm fama ou notoriedade, "ter os meios para sustentá-la". "A vida do tablóide é muito breve", declarou. "É brilhante, excitante e, então, apaga — como aquelas antigas lâmpadas para instantâneos." Se você fingiu ser algo para alcançar a fama, logo sumirá do mapa.

Uma falsificação: uma fraude, um embuste ou logro.

O "talento" pode parecer uma qualidade inatingível, mas gosto de pensar nele como algo prático, um produto que uma pessoa sabe vender, que tem de ser cultivado e bem apresentado, e que, com o decorrer do tempo, se torna algo pelo qual o público clama. R. Couri Hay, presença constante na sociedade nova-iorquina, que ajuda a preparar o caminho para as mais proeminentes abelhas-

As regras da fama **21**

mestras ocuparem seus lugares no topo da hierarquia social, avisa: "É preciso ter algo para vender. Seja você um dermatologista, um decorador, um designer." Ele diz uma coisa que pode parecer óbvia, mas muitas pessoas ignoram: "Se você não for bom, as pessoas saberão disso. É muito difícil fingir o tempo todo."

Regra 3: Não sabe no que você é bom? Peça a alguém para ajudá-lo a descobrir

Isso é complicado. E se você realmente não fizer a menor idéia de suas habilidades? Talvez não tenha encontrado a referência certa, talvez tenha satisfeito o desejo de seu pai e se tornado engenheiro, mas um dia acordou e percebeu que não poderia mais fazer isso. O problema é que você nunca dedicou um tempo para descobrir o que *realmente* quer fazer, qual é o seu verdadeiro talento.

Gary Greenberg, bem-sucedido comediante e autor de *Be Prepared*, contou-me o que um amigo dele (vamos chamá-lo de Jim) fez quando chegou a essa encruzilhada. Jim era bancário e, teoricamente, estava se saindo bem. Mas era profundamente infeliz e, na verdade, isso transparecia de todos os modos. Ele cumpria com competência todas as responsabilidades de seu trabalho, mas nenhuma particularmente bem. Porém, não sabia como mudar esse quadro ou quais seriam as transformações necessárias.

Então, Jim teve uma idéia. Decidiu enviar um questionário para seus amigos mais íntimos e familiares.

Modelo de questionário:

- Quais são as minhas melhores qualidades?
- Quais são os meus piores defeitos?
- Há algo que eu faça melhor do que qualquer outra pessoa?
- Além do karaokê, há algumas atividades em que acho que sou bom, mas, na verdade, não sou? (Se você quiser ser cantor, tire a parte do karaokê.)
- O que posso fazer e mais ninguém pode?

22 um **QUÊ** especial!

- Quando você precisa de minha ajuda, para o que me chama?
- Se eu pudesse escolher a carreira perfeita (uma legal, por favor), qual seria e por quê?
- Quando você me viu mais feliz, do ponto de vista profissional?

Jim sabia que precisava de um pouco de perspectiva e objetividade, e decidiu pedir ajuda às pessoas mais íntimas. Ele ficou surpreso com a semelhança das respostas. Praticamente todos os seus amigos responderam que achavam que ele era especialmente bom no planejamento de eventos. Disseram que ele era ótimo em escolher as pessoas certas para os lugares certos, reunir grupos de amigos compatíveis. Todos achavam que ele sabia intuitivamente quais eram os locais mais apropriados para festas e outras ocasiões especiais.

Depois de pensar durante um breve tempo sobre os resultados, Jim deixou o banco e usou suas economias para abrir uma empresa de eventos. Hoje, tem uma das mais lucrativas de New Jersey e faz mais sucesso do que jamais sonhou. Além disso, é feliz. Portanto, lembre-se de que, às vezes, as pessoas mais próximas nos conhecem melhor do que nós mesmos!

Regra 4: Aprenda a apreciar as luzes da ribalta: seja o astro de seu próprio palco

Nem todos gostam de ser o centro das atenções. Algumas pessoas preferem se sentar e assistir ao que acontece a participar das atividades. Ao contrário de você, que, se está lendo este livro, provavelmente gosta de estar em evidência ou quer aprender a ficar, elas não gostam de atrair todos os olhares na sala. Mas, se você realmente quer chegar ao topo da escada do sucesso, ver seu nome em destaque, e ainda não fez nada a esse respeito, finge ser modesto ou é apenas tímido, eu lhe digo o seguinte: SUPERE ISSO. Não importa como. Procure um terapeuta. Treine falar diante de

As regras da fama **23**

um espelho ou com amigos. Mas, de um modo ou de outro, supere isso. Há uma máxima cuja mensagem básica é a de que é melhor falar pouco ou nada do que muito. Discordo totalmente disso. Considero enfadonhas as pessoas que não participam.

Verborragia *versus* conversa: há uma diferença entre essas duas coisas. Todos nós já nos sentamos perto de alguém em festas, aviões etc. que NÃO PÁRA DE FALAR. Que, em trinta minutos de monólogo, descreve para você os primeiros trinta minutos de seu dia... e você tem vontade de estrangular a pessoa. Há uma diferença entre alguém que tem algo a acrescentar à conversa e alguém que simplesmente gosta de ouvir a própria voz. Quando digo "participe", quero dizer para ACRESCENTAR algo à conversa, não monopolizá-la. Uma boa conversa começa com um bom ouvinte e termina com alguém que pode dizer o que queria de modo conciso e inteligente. Tenho uma amiga, que chamaremos de Susie. Ela é um ser humano adorável, surpreendente. Infelizmente, sua voz é muito aguda e, em todas as festas, os decibéis alcançam um nível de estourar os tímpanos. Não importa quantas vezes as pessoas façam "shii" ou digam, "Susie, fale mais baixo" — ou, pior ainda, tentem pronunciar uma frase —, ela segue em frente como um trem desgovernado. NÃO se torne uma Susie.

Uma das lições que aprendi em minha vivência de colunista social é que você não precisa necessariamente ser a pessoa mais inteligente ou talentosa na sala para ter sucesso. Ser falante também pode ajudar. Tenho observado que, quando as pessoas dizem coisas de maneira enfática, firme e confidencial (e têm as informações adequadas para apoiá-las) as outras pessoas ouvem. Tente atrair a atenção da sala, acredite no que diz e diga com confiança.

24 um **QUÊ** especial!

Use contato visual, algumas palavras bem escolhidas e sua presença física: seu modo de vestir, de se portar. Se *você* não acredita em si mesmo, quem acreditará?

Até mesmo os jantares são trabalho. E não me refiro ao trabalho envolvido em oferecer o jantar. Se você for convidado para um jantar, deve ir preparado para participar da conversa, realmente acrescentar algo — e receber algo em troca. Ser um convidado interessante lhe garantirá ser convidado de novo, além de garantir que o investidor que conhecerá à mesa se lembrará de você e desejará ajudar a financiar a empresa que você está abrindo ou contratá-lo para ser o porta-voz da empresa dele. Olhe cada ocasião social como uma oportunidade, porque é!

Quando comecei a trabalhar na Page Six, no outono de 1999, uma das primeiras festas foi a da pré-estréia do filme *Um Domingo Qualquer,* estrelado por Samuel L. Jackson. Todo tipo de astros e agentes de Hollywood estavam lá, junto com os produtores e diretores do filme. Todos os presentes eram celebridades, mas, em um canto do salão, eram ouvidas as vozes mais altas e animadas. Admito que fui uma das pessoas que se reuniram ao redor para ver quem era o centro das atenções. Vi uma loura oxigenada baixinha sendo fotografada. Quem era? Lizzie Grubman, na época "apenas" uma assessora de imprensa (obviamente, isso foi antes de um infame acidente de carro em Southampton que lhe deu notoriedade global e de seu programa *Power Girls* na MTV norte-americana). Mas, mesmo então, ela tinha uma certa qualidade de estrela, que era, na verdade, apenas fé em si mesma e em sua própria capacidade. Ela sabia o que dizer e quando dizer, e o dizia em voz suficientemente alta para que todos ouvissem. E, puxa vida, sabia ser relações-públicas, o que me leva à Regra 5.

As regras da fama 25

Regra 5: Instrua-se. Saber é poder.

Lizzie Grubman não é a pessoa mais culta do mundo. Deixou a Boston University no segundo ano para promover boates locais. Mais tarde, voltou para Nova York, onde mora sua família, para trabalhar em várias empresas de relações públicas, antes de abrir a sua própria, Lizzie Grubman P. R. Ela representou artistas como Jay-Z, Damond Dash e Jeff Kwatinetz, além de empresas como Puma, Sony e Roc-A-Fella Records. "Não sou chegada a ler", admite Lizzie francamente, confessando que, no que diz respeito à literatura, só lê romances de Danielle Steel. Por outro lado, devora quatro jornais todas as manhãs e está a par de todos os tipos de eventos atuais, especialmente os que envolvem o mundo social e Hollywood — informações cruciais para o seu negócio de RP.

Lizzie também é especialista em seu ramo, acompanhando e monitorando o mundo das relações públicas — sabe o que todos estão fazendo e onde estão fazendo.

No outono de 2002, quando declarou "as relações públicas morreram; agora, a moda é o marketing", todos prestaram atenção. Não importa se você ama ou odeia, Lizzie sempre sabe do que está falando, e estava certa — hoje tudo tem a ver com a criação de uma marca e uma franquia.

Leituras obrigatórias:

- Um jornal diário de circulação nacional.
- Um jornal especializado em economia (se você for dono de um negócio).
- Seu jornal local — preferivelmente o de maior circulação e o semanal alternativo.
- Uma revista semanal de notícias e cultura.
- *No mínimo* uma revista semanal sobre celebridades; mesmo que não esteja interessado em celebridades, essas revistas oferecem ótimos insights sobre profissionais de marketing, produtos e o que é quente.

26 um **QUÊ** especial!

- Uma revista mensal: para valorizar seu investimento, escolha as que oferecem orientação, como *Marie Claire, Glamour, Cosmopolitan, Lucky* ou *Cargo*. Por simples prazer, leia *Vogue, Elle* ou *Vanity Fair*.
- Páginas de Internet das redes de notícias.
- Páginas de Internet de colunistas sociais.

Você sabe aonde quero chegar. Seja qual for a sua área, torne-se o melhor especialista do mundo nela. A instrução é o seu hobby crucial. Isso pode significar ter aulas e freqüentar cursos noturnos, ou apenas ler regularmente certos periódicos ou jornais profissionais. Ser instruído em sua área lhe permite ir a qualquer lugar e falar com confiança.

Regra 6: *Formule um plano de ataque flexível e o siga*

Então, o que fazer se você não está exatamente onde deseja? Faça uma lista. Formule um plano. Não tem de ser uma coisa instantânea. Formule um plano para quatro anos — até mesmo dez. Certifique-se apenas de que parece razoável e de que poderá segui-lo — e faça! Pense no plano como um parceiro com quem assumiu um compromisso e saiba que, para o plano lhe ser útil, você também deverá trabalhar para ele. Lembre-se de que cada passo que dá depois de formular o seu plano é um passo na direção certa — embora possa ser apenas um passo. Veja cada trabalho ou tarefa que realiza como um componente valioso e importante do plano.

Deixe-me dar um exemplo. Digamos que você queira se tornar o redator-chefe de uma empresa de propaganda, mas a única posição disponível para a qual está qualificado é a de secretário de uma empresa de propaganda. Candidate-se a esse emprego. Saiba que cada memorando que digitar para seu chefe refletirá suas capacidades gerais. Fale com todas as pessoas, aprenda com tudo o que acontece a seu redor, ofereça-se para fazer horas extras ou peça para fazer trabalho extra na área de sua escolha. Nada deve ser feito pela metade ou com má vontade. Todas as empresas buscam suas

As regras da fama **27**

próprias histórias de sucesso, ou seja, promover os que estão lá dentro. As pessoas sempre esperam descobrir equipes que tomem a iniciativa e façam o seu trabalho competente e alegremente. A "sorte" tem muito pouco a ver com o sucesso. Você pode traçar sua própria sorte!

Jillian Kogan é uma produtora da MTV em Los Angeles, e viu vários músicos que tocavam nas ruas acabarem tocando para 60 mil pessoas. Ela confirma que o compromisso e a dedicação são a chave para esse tipo de sucesso. Afirma que "a tenacidade e a determinação, como sempre diz um velho amigo meu, treinador de futebol no Texas, também são importantes".

Anunciantes na televisão: muitas pessoas bem conhecidas têm anunciado seus produtos em programas de vendas pela televisão e em canais a cabo, tornando-se milionárias. George Foreman, Kathy Hilton, Rocco DiSpirito, Star Jones, Suzanne Somers, o peleteiro Dennis Basso e Bob Mackie, entre outros, se transformaram em nomes familiares e engordaram suas contas bancárias vendendo seus produtos pelos canais a cabo.

Adoro o exemplo do designer de moda Randolph Duke. Vinte anos atrás, Randolph era um joão-ninguém. Sempre sonhou em se tornar designer e ganhar muito dinheiro com isso. Era bom em networking, fez alguns contatos e começou a criar belas roupas. Parecia estar prestes a se tornar um costureiro famoso quando, infelizmente, seus problemas começaram. Matthew Rich, que trata das questões de relações públicas de Duke, disse-me que, embora Randolph fizesse vestidos maravilhosos, "estava gastando 22 mil dólares para fazer um vestido de 20 mil". É aí que é necessário ter um plano, e você deve se concentrar nele mesmo quando as coisas não saem como você esperava. Como disse Matthew: "Às vezes, as coisas que você realmente adora fazer, e nas quais é bom,

28 um QUÊ especial!

não o fazem ganhar dinheiro." No caso de Randolph Duke, ele quase saiu do negócio. Mas, em vez de desistir de seu sonho e sair derrotado, fez algo que nunca imaginara antes: começou a vender uma linha de roupas baratas pela televisão, trocando a cara alta-costura pelas vendas em massa. "Às vezes, você tem de fazer outras coisas para se manter e também poder fazer aquilo de que gosta", observou Rich. Graças a sua visão no longo prazo, Randolph Duke voltou a ser bem-sucedido e está ganhando muito dinheiro fazendo o que mais gostava de fazer — desenhar roupas.

Detesto clichês, mas, nesse caso, a velha máxima de que "a paciência é uma virtude" realmente resume isso (e quem fala é uma pessoa que fica muito ansiosa quando se atrasa cinco minutos ou tem de esperar dez minutos por uma refeição em um restaurante). Quando digo que seu plano pode ser no longo prazo, estou sendo sincera. Nada de bom acontece imediatamente. Mesmo se acontecesse, provavelmente você não estaria pronto para lidar com isso. Os planos ajudam a iniciar um processo, e o sucesso exige que um certo processo ocorra, o que lhe dá a chance de desenvolver perspectiva.

Quando trabalhei para o jornal inglês *The Guardian*, de 1995 a 1997, aprendi uma lição extremamente valiosa sobre paciência e experiência com minha chefe, Clare Longrigg, que, na época, era redatora das páginas femininas. Eu disse a Clare o quanto estava frustrada com o fato de que minha carreira de jornalista não estava decolando suficientemente rápido, e que estava pensando em me matricular na renomada Columbia School of Journalism. Isso não só teria significado desistir de meu emprego, como também contrair dívidas no valor aproximado de mil dólares. Eu achava que talvez precisasse daquele pedaço de papel, para não falar nos contatos que faria freqüentando a universidade. Não sei se esperava algo como um tapinha nas costas, mas a resposta dela não foi a que eu queria. Clare me olhou atentamente e disse: "Paula, o jornalismo não é como a cirurgia cerebral, que exige muito estudo. É uma habilidade que precisa ser aprendida com a prática. FAÇA apenas isso e será bem-sucedida." Ela estava certa. Todos esses anos depois, penso em Clare e lhe agradeço silenciosamente. Porque agora sei que, se por uma obra do destino *Vogue* tivesse me ligado naquele dia e me oferecido um emprego, eu o teria aceito — e seria despedida quase imediatamente. Ainda não estava pronta para esse nível de trabalho. Em vez disso, abri meu caminho com vários trabalhos jornalísticos, o tempo todo aceitando outros tipos de trabalho para pagar o aluguel. Pouco a pouco, aprendi a minha profissão. Estou feliz porque não cheguei ao topo rápido demais. Uma carreira, assim como uma pessoa, precisa de tempo para amadurecer e se desenvolver. Clare me fez economizar 45 mil dólares (um ano de estudo em Columbia) e fortaleceu a minha decisão de continuar na busca de meu sonho, em vez de fazer um caro desvio.

Dar uma de Brady: Nome tirado de Brady Bunch Kids (Referência à série de tevê americana que lançou ao estrelato atores mirins. *N. do E.*), em que uma pessoa chega ao topo cedo demais. Algumas desvantagens podem ser o fato de que ninguém jamais o verá como algo além de sua imagem famosa; do topo, só é possível ir para baixo; e, se você prova o sucesso cedo e com facilidade, nunca aprende as lições do trabalho duro e da pobreza.

Se você não acredita em mim, pense nos inúmeros atores mirins que chegaram cedo demais ao topo e depois não conseguiram lidar com sua fama, seu dinheiro ou sua boa sorte. Acabaram fazendo uma aterrissagem desastrosa. Preciso mencionar Corey Feldman ou, que Deus me perdoe, Dana Plato? (Corey Feldman estrelou, na década de 1980, sucessos como *Os Goonies* e *Garotos Perdidos*, para mais tarde surgir nas manchetes envolvido com álcool e drogas. Dana Plato morreu por overdose em 1999 após anos de problemas com a justiça. *N. do E.*) Ninguém deveria ter de ficar constrangido por seu *E! True Hollywood Story* ou *A&E Biography!*

30 um **QUÊ** especial!

Um Al Bundy: Tirado do personagem da série de tevê *Married...
with children* (Veiculada na tevê aberta como *Um Amor de
Família. N. do E.*), este é o cara que um dia foi um Brady e
não consegue aceitar o fato de que seus 15 minutos de fama
acabaram. Ele, obsessivamente, o entediará com histórias
detalhadas de seus "bons e velhos tempos" e nunca será
capaz de seguir em frente.

Trabalhe para alcançar seu objetivo. Não tema tropeçar, mas
sempre se levante e sacuda a poeira. Não se esqueça do plano de
jogo e, acima de tudo, seja paciente. Ninguém poderá fazê-lo
parar!

***Regra 7: Se você quiser muito algo, poderá consegui-lo — mas
não se subestime***

Quando você quer muito alguma coisa, às vezes fica desesperado. Recebe uma proposta que não é bem o que deseja, mas a aceita
assim mesmo, porque teme nunca conseguir o que almeja. Isso é
chamado de aceitar a segunda opção melhor, e é um grande erro.

Julie Greenwald, que se autodefine como uma "garota judia de
Catskills" e agora é uma executiva da Warner Music, deu este conselho na revista *Elle*: "Nunca fale de modo a dificultar a compreen-
são. Seja direta com as pessoas. Se tentar ser esperta demais e falar
com rodeios, as pessoas não entenderão o que está dizendo. E
comunique-se não só com o seu modo de falar, como também com
a sua linguagem corporal, olhando nos olhos das pessoas."

(Nota: Não é bom fazer isso enquanto dirige. Pergunte à minha
mãe, que odeia que falem com ela sem olhá-la nos olhos. Resultado: a perda total de quatro carros em menos de dois anos.)

O fato é que o pior que pode acontecer é a resposta ser não — e,
nesse caso, você poderá seguir em frente e conseguir o que quer em
outro lugar, ou pelo menos negociar o melhor prêmio de consola-
ção possível!

As regras da fama **31**

Julie Greenwald admitiu em *Elle* que havia contado uma ou duas mentiras inofensivas para entrar pela porta do escritório do diretor-presidente da gravadora Island Def Jam, Lyor Cohen. Ela disse: "Na primeira vez em que vi Lyor, entrei e ele perguntou: 'Por que eu deveria contratá-la?' E eu respondi: 'Porque sou inteligente, aprendo rápido e posso digitar 55 palavras por minuto.'" Ela foi contratada. Contudo, cerca de dois meses depois, Lyor percebeu que ela não sabia digitar. Perguntou-lhe por que havia mentido. Sua resposta? "Que importância isso tem agora? Sou uma ótima assistente!"

Apesar de sua pequena desonestidade, no final tinha em que se apoiar. E, embora eu não esteja recomendando que você minta para entrar pela porta (sem dúvida isso pode fazer o tiro sair pela culatra), Julie sabia o que queria, sabia que poderia fazer o trabalho, e o conseguiu.

Regra 8: Nunca trate mal os garçons — há a lei do retorno

Quando eu era adolescente e estava começando a namorar, minha mãe me deu alguns conselhos. O primeiro foi: "Nunca namore um homem que tenha um furgão." O que posso lhe dizer? Ela é uma judia neurótica do Queens. No Queens, um furgão sempre esteve associado a mercadorias roubadas ou estupradores em seu interior. Em Ohio, onde cresci, também significava sexo.

A segunda regra, e ainda mais importante: "Sempre observe como o seu namorado trata o garçom, porque, no final, é assim que ele a tratará." Tenho usado essa regra em minha vida. Quanto mais velha fico, mais me dou conta de que este é um mundo pequeno e que aqueles que você trata mal voltarão para lhe dar o troco!

É sabido na "comunidade" de fofocas que, se você quiser que uma informação se torne conhecida, sem fazê-la parecer que tenha partido de você, porque isso seria considerado grosseiro, simplesmente a passe para dez pessoas que não conseguem guardar segredos (você sabe quais são). Essas dez pessoas contarão a outras dez, e assim por diante. Logo, todos saberão de tudo. O fato é que pou-

32 um **QUÊ** especial!

quíssimas pessoas conseguem manter suas bocas fechadas. Agora, e se algo irritante acontecesse, você perdesse a paciência e começasse a gritar? Se apenas uma pessoa que não consegue manter a boca fechada o visse, no dia seguinte todos saberiam do ocorrido, gostasse ou não disso. Sempre preste atenção ao que diz. No final, inevitavelmente será julgado por suas palavras e ações. Eu também gosto de pensar nisso assim: o assistente de hoje pode acabar sendo o chefe de amanhã! Veja minha amiga Dina Wise, diretora de eventos especiais da Miramax Films. Ela teve um assistente chamado Nicky Landow. Dina o tomou sob sua proteção, tornando-se sua mentora. Mais tarde, Nicky se mudou para Los Angeles e arranjou um ótimo emprego na área de desenvolvimento da Fox. Dina sabe que, se algum dia precisar de alguma coisa de Nicky, ele a atenderá imediatamente.

Ou veja o exemplo de meu chefe, Richard Johnson. Ele tem muito poder e talvez um homem menos importante não o exercesse tão gentilmente. Richard sempre orientou as pessoas que trabalhavam para ele. Reconhece que, se treinar bem uma pessoa, mesmo que ela acabe indo trabalhar em outro lugar, se parecer boa, ele também parecerá bom. E, acreditem em mim, não há nada como ser treinada por Richard Johnson, ou ter trabalhado com ele, para lhe dar credibilidade imediata em Nova York. Seria difícil encontrar alguém que tivesse algo de ruim a dizer sobre Richard. As pessoas confiam nele e, por isso, ele consegue ótimas histórias. Por ser um cavalheiro e ter bons modos, acabou multiplicando por dez seu poder.

Garçom, há uma mosca na minha sopa: coisas desagradáveis acontecem. Coloque-as em perspectiva. Um acesso de raiva ou uma briga não tornarão a situação melhor. Livre-se logo dessa mosca asquerosa e volte a comer como se nada tivesse acontecido.

O publicitário Couri Hay, que já testemunhou muitos altos e baixos, cita um antigo provérbio: "Seja bom com as pessoas quando está subindo, porque nunca se sabe quando precisará delas se estiver descendo."

Um exemplo menos conhecido desse fenômeno é Peggy Siegal, que na década de 1990 era uma das profissionais de relações públicas mais poderosas da área do cinema. Ela decidia sozinha quem caminharia ou não sobre o tapete vermelho e passava a maior parte de seu tempo bajulando os ricos e poderosos. Morava em Nova York, mas também tinha muita influência em Los Angeles. Sua agenda era cheia dos maiores nomes do cinema. Não havia ninguém com quem não pudesse falar pelo telefone. Mas ela cometeu o erro fatal de nunca ter sido muito amável com seus subalternos, com as pessoas que não considerava úteis ou que decidia arbitrariamente que não eram importantes. Infelizmente, Peggy foi rude com várias pessoas que realmente *eram* importantes, apesar de pouco conhecidas. Escrevemos o seguinte sobre Peggy em setembro de 2004:

Assessora de imprensa desperta a ira de estúdio

A poderosa assessora de imprensa Peggy Siegal pode ter tirado de seu lugar o homem errado na pré-estréia do filme *Meninas Malvadas*.

Fontes dizem que a ousada assessora não reconheceu Gerry Rich, presidente de marketing mundial da Paramount, e exigiu que ele cedesse seu lugar para alguém que Siegal considerava mais importante.

Agora, Siegal, especialista em reunir em apresentações de filmes pessoas famosas do mundo do cinema e da sociedade, está em pânico porque os profissionais da Paramount a ignoram explicitamente devido à sua atitude.

"Isso deu a maior confusão, e agora o estúdio se recusa a trabalhar com Peggy de novo", disse uma fonte à Page Six.

"Peggy está literalmente maluca. Isso é realmente ruim. Ela está muito perturbada com isso."

Informantes disseram que Siegal — que começou sua carreira como assistente do legendário gênio das relações públicas Bobby

34 um QUÊ especial!

Zarem — lançou-se em uma campanha extrema na qual tem inundado Rich e outros na Paramount de telefonemas, pedindo misericórdia.

Siegal até mesmo recorreu ao suborno, enviando garrafas de champanhe Veuve Clicquot e vodca Belvedere para os peso-pesados da Paramount.

"Aparentemente, a reputação de Peggy em Nova York está sendo desafiada e ela está tentando desesperadamente livrar a própria cara", disse alguém de dentro da Paramount.

Um porta-voz da Paramount disse que o estúdio não tinha comentários a fazer. Mas alguém de dentro confirmou que há um mal-estar entre Siegal e a Paramount que vai além de Gerry Rich.

O boicote ocorre em um momento particularmente ruim para Siegal, que esperava usar seus contatos na Paramount para promover um evento de caridade da venerável Princess Grace Foundation, segundo informaram algumas fontes.

Siegal tinha visto a possibilidade de a Foundation apresentar a pré-estréia do novo filme da Paramount— uma grande versão na tela do popular desenho do Bob Esponja, da Nickelodeon.

"A Paramount tem de dar permissão, mas eles estão se recusando a fazer isso, a lidar com Peggy", disse uma fonte. Siegal não retornou os telefonemas da Page Six.

Hoje, o negócio de Peggy é uma sombra do que um dia foi. O carma é algo desagradável que, no final, sempre lhe será cobrado.

Regra 9: Pessoas irão odiá-lo, por isso vista a couraça de um hipopótamo e, acima de tudo, não lhes dê motivos para derrubá-lo!

Tenho de deixar isto claro: se você usa drogas, bebe demais ou é viciado em algo que não lhe faz bem, PARE. AGORA. E extirpe de sua vida como um câncer pessoas que bebem demais, usam drogas, jogam ou fazem outras coisas prejudiciais.

Veja o exemplo da história triste de Maggie Rizer. Ela era uma supermodelo que ganhava milhões. Cometeu o erro de confiar

As regras da fama **35**

suas finanças ao padrasto, um jogador crônico que apostou e perdeu a sua fortuna. Em 2002, Maggie descobriu que estava totalmente falida e teve de recomeçar justamente quando a carreira de modelo estava quase terminando.

Para ser bem-sucedido, você tem de olhar por cima de seu ombro e ficar longe das coisas e pessoas que irão derrubá-lo. Não se esqueça de onde você veio, mas não deixe que isso o defina ou governe.

Eu me lembro de ter falado com Russell Simmons vários anos atrás durante o julgamento de "Puffy" Combs (Puffy Daddy) por posse de arma. Puffy havia estado em uma boate com sua namorada na época, Jennifer Lopez (J. Lo.), e uma protegida chamada Shine. Houve uma briga. E tiros.

Russell, fundador da gravadora Def Jam e bilionário dono de Phat Farm e outras empresas, observou que ele também, como Puffy, crescera no gueto, mas tinha trabalhado muito para sair de lá. Ele me disse: "Não preciso provar minha experiência da vida real saindo com caras violentos. Segui em frente."

Se alguma coisa em sua vida ameaça lhe tirar o brilho ou até mesmo arruiná-lo, não tenha medo de se desvencilhar dela e seguir em frente.

Howard Karren era editor da revista *New York* e agora trabalha para a revista *Premiere*. Ele testemunhou a ascensão e a queda de algumas celebridades, e diz o seguinte sobre a fama: "Há um preço a pagar. Se você tem um 'quê' e outras pessoas não, isso as irritará. Você precisa estar seguro de suas próprias realizações, porque outras pessoas não estão e vão odiá-lo por isso. Tem de ser capaz de se defender, erguer barreiras, estabelecer limites. Tenho visto jovens atores e atrizes na mídia que, no começo, tendem a ser honestos. Depois, aprendem a mentir. Aprendem a não dizer nada sobre as coisas das quais não querem falar e a encontrar algo que distraia as pessoas dos temas que desejam evitar. Aprendem a encapsular seus sentimentos de modo muito simples e claramente expresso. Tudo isso vem com o tempo."

36   um **QUÊ** especial!

Regra 10: Se você não for fazer alguma coisa, pare de reclamar e fique em casa

Certa vez, Woody Allen disse: "Noventa por cento do sucesso é apenas aparecer." Às vezes, o mais difícil é dar o primeiro passo. Freqüentemente, eu me sentia infeliz na universidade. Quis me afastar durante um ano. Ir para a Europa. Fazer qualquer coisa diferente do que estava fazendo. Mas permaneci na universidade e estou feliz por ter feito isso. Ainda assim, quando me formei, fiquei confusa. O que aconteceria depois? Ainda queria ir para a Europa, mas estava livre da ansiedade. Meus pais não eram ricos e a universidade tinha sido cara. A coisa mais prática a fazer era ficar em casa e trabalhar. Mesmo quando alguns amigos decidiram ir para Londres e me convidaram para ir com eles, hesitei. Fiquei paralisada de medo. Mas decidi ir, e sabe de uma coisa? Foi fácil! Em um mês, arranjei um emprego no *The Guardian*. E a única coisa que me deixava maluca era constatar o quanto aquilo tinha sido fácil, e eu quase havia deixado de ir porque algumas pessoas me disseram que eu não poderia ou não deveria. Quase havia deixado de ir por medo.

Para mim, "eu não posso" é a frase mais irritante que existe. Não só você *pode* como deve e *irá*! Se alguém lhe disser que não pode, fique longe dessa pessoa. Não há espaço na vida de ninguém para pessoas negativas.

Então, vá logo!

CAPÍTULO DOIS

Atitude + Dedicação = Sucesso

Há uma idéia corrente e errada de que as pessoas que chegaram ao topo — astros de cinema, campeões de bilheteria, designers de moda premiados, construtores de impérios financeiros ou o dono da loja de vinhos local bastante bem-sucedido para pensar em abrir uma segunda loja — o fizeram por pura sorte, por meio de nepotismo ou outra vantagem que os levou aonde o trabalho duro nunca poderia levar. Embora eu tenha de reconhecer um pouco de verdade nessa perspectiva — veja Tori Spelling (Intérprete da personagem Donna em *Barrados no Baile* e filha do produtor do seriado. *N. do E.*) — observo que, na maioria das vezes, o sucesso verdadeiro e duradouro é alcançado com uma atitude boa e positiva, um compromisso total com um objetivo claro e uma dedicação a esse sonho.

Em minha profissão, vejo pessoas como as divinas colunistas Liz Smith e Cindy Adams, que trabalham longas e duras horas e nunca são arrogantes e orgulhosas demais para arregaçar as mangas e trabalhar nas reportagens ou se ocupar com as celebridades no tapete vermelho em uma pré-estréia. Também idolatro Katharine Graham, a falecida editora do *Washington Post*. Um exemplo de atitude, compromisso e dedicação! Katharine teve um marido infiel e mentalmente instável, que ocupava uma posição administrativa que era legitimamente dela. Katharine era excelente esposa e mãe, mas, quando o marido morreu, fez o que ninguém achou que poderia

38 um QUÊ especial!

fazer: dirigiu o *Washington Post* e ajudou a transformá-lo em um dos maiores jornais de nosso tempo. Sim, sua família era dona do jornal. Mas, em vez de criar fama e deitar-se na cama ou ser a moça rica e mimada, ela começou por baixo, aprendeu o negócio e revelou-se a pessoa mais trabalhadora na área.

Abelha operária: a pessoa que fica acordada do amanhecer ao anoitecer fazendo o seu trabalho — e, às vezes, o dos outros. Tudo é uma oportunidade e não há trabalho que não possa ser feito. Se ela — ou você — precisa fazer alguma coisa, encontrará um modo de fazê-la, mesmo se inicialmente não souber como. Minha amiga Dina Wise, que citei neste livro, é um exemplo perfeito disso, a funcionária perfeita. Organiza as festas da Miramax Films — e todas são um sucesso. Além disso, se seu chefe precisa que faça algo em outra área, ela faz sem reclamar. Dina pode ser uma funcionária hoje, mas, em um futuro próximo, dirigirá uma empresa com toda a habilidade, tenacidade e coragem que tem agora.

Observe, ainda, Paris Hilton, que poderia ter sido apenas uma herdeira entediada. Seus objetivos pessoais podem não ter nada a ver com os de Paris Hilton, mas você tem de admitir que, trabalhando em sua "plataforma", cultivando incansavelmente uma imagem de mulher viajada e seguidora das últimas tendências da moda, ela obteve um certo tipo de sucesso icônico.

Para se tornar famoso, você tem de fazer as pessoas saberem qual é o seu nome, mas também precisa desenvolver a confiança e a persistência que lhe permitirão não perder de vista o prêmio. As pessoas mais bem-sucedidas que conheço e sobre as quais escrevo como colunista da Page Six são sempre profissionais quando precisam ser. Elas falam amigavelmente, bajulam e fazem o que deveriam fazer. Se você já atingiu os níveis de fama e sucesso de Tom

Atitude + Dedicação = Sucesso 39

Cruise/Tom Hanks, provavelmente não estará lendo este livro. Mas esses dois homens são bons exemplos do que digo. Eles não se fiam em suas reputações para se manter no topo.

Tom Hanks não só escolhe ótimo material e o apresenta lindamente, como todos que já trabalharam com ele dizem que é esforçado e profissional como nenhuma outra pessoa que já conheceram, não tem ataques de estrelismo e é sempre gentil e amigável. Tom Cruise, segundo dizem, é um perfeccionista que não descansa enquanto não faz as coisas bem. Embora não precise mais atrair a atenção da mídia, sempre é profissional, pontual e amável quando o dever o chama.

> Os três Ps necessários na vida: Profissionalismo, Pontualidade e Personalidade. Pratique todos os três ou não irá adiante. E sempre tenha em mente que os acessos de raiva são para os bebês. Se houver um problema, encontre calmamente um modo de resolvê-lo. Você conquistará mais admiradores tendo calma do que perdendo a cabeça.

No mundo dos espetáculos, há incontáveis exemplos do que digo também nos bastidores. A maioria das pessoas que conheço concordaria em que Rick Yorn é um ótimo exemplo de alguém que descobriu sua vocação e faz seu trabalho de forma brilhante. É um empresário cujos clientes incluem Leonardo DiCaprio, Cameron Diaz e outros grandes astros. Segundo a artista plástica Jillian Kogan, ele parece atrair muitas pessoas não só pelo que diz, como também porque "tem química... não se sente ameaçado, é destemido". E acrescenta: "Acho que há pessoas que logo se revelam impostoras, e outras que se revelam autênticas." Yorn e, segundo Kogan, Ron Meyer, fundador da CAA (Uma das maiores agências de talentos literários de Hollywood. *N. do E.*), são duas pessoas que desenvolveram grandes personalidades que trabalham para elas.

Isso é uma vantagem em qualquer área, seja quando você dirige a corretora de imóveis local, é gerente do banco da cidade, abre

40 um QUÊ especial!

um bar especializado em vinhos ou vende enciclopédias de porta em porta. Digamos que você é dono de um restaurante bem-sucedido, mas quer abrir outro. Espera instalar um bom sistema de gerenciamento no primeiro restaurante para poder abrir o outro. Mas, ao fazer isso, terá de trabalhar como se fosse o primeiro, às vezes como ajudante de garçom, garçom, o dono da casa ou o gerente, se preciso for. Como todos sabemos, os novos negócios sempre têm características peculiares. Apenas ficar satisfeito com o que você conseguiu no primeiro restaurante e esperar que as pessoas freqüentem o novo devido ao seu nome é algo inaceitável. O segundo restaurante tem de ser igualmente bom, eficiente e limpo. Rocco DiSpirito aprendeu essa regra (e todos nós o vimos aprendendo) em *The Restaurant*, na NBC.

Rocco já era chef e proprietário de um restaurante três estrelas em Manhattan, o Union Pacific, quando se associou ao empresário Jeffrey Chodorow para abrir o restaurante que leva o seu nome, Rocco's. Mas, ao fazer isso, Rocco se tomou de amores por si mesmo e começou a passar mais tempo promovendo seus livros, sua imagem e o nome de sua marca do que realmente cozinhando. As críticas foram mordazes. O *New York Post* não deu ao Rocco's nenhuma estrela e observou que poderia ter dado uma — *talvez* — se o outro restaurante de Rocco, o Union Pacific, não fosse tão bom. Infelizmente, devido à falta de atenção de Rocco, naquele mesmo ano o Union Pacific acabou perdendo uma estrela e seus donos trocaram Rocco por outro chef que tivesse mais tempo para se dedicar à cozinha. Portanto, fique atento. Cada novo projeto merece todo o seu tempo e empenho. Isso é exaustivo, mas você precisa se dedicar. É como ter um segundo filho.

A grande assessora de imprensa Desiree Gruber, co-proprietária da agência de publicidade Full Picture, tem um bom faro para novos talentos. Representa celebridades como a supermodelo Heidi Klum e Arnold Schwarzenegger (como ator, *não* como governador da Califórnia), entre inúmeras outras. O que Desiree busca quando pensa em aceitar um novo cliente? Ela me disse que,

Atitude + Dedicação = Sucesso   41

ao aceitar um novo cliente, seja um indivíduo ou uma empresa (também representa empresas como Victoria's Secret e Kmart), é importante "acreditar sinceramente no cliente — em sua sensibilidade, seu talento, sua filosofia e seus objetivos —, ficar realmente feliz em promovê-lo e alimentar o respeito mútuo. Em um nível prático, um cliente tem de trazer um certo prestígio e/ou uma compensação financeira, mas também deve ser receptivo a se mostrar da maneira certa. A ajuda não funciona se o artista não estiver motivado, não desejar se distinguir e não der o melhor de si." Ela diz: "O objetivo é atingido quando você se une a alguém que realmente adora o que faz e está disposto a dedicar o tempo necessário a transmitir essa mensagem", seja indo a eventos, atendendo a pedidos, "entrando um pouco no jogo". "Com os jovens talentos da música, do cinema, da moda ou da política, esse é um jogo de números. Quanto mais pessoas você põe diante dos clientes, com quem poderão se relacionar e que acreditarão neles, mais oportunidades surgirão."

Pedi a Desiree para me dar um exemplo de alguém que tivesse alcançado o sucesso usando essa fórmula e ela citou a modelo Heidi Klum. Obviamente, a bela Heidi tem meios para sustentar o seu sucesso, mas: "Ela pôde saltar das páginas da *Sports Illustrated* e do catálogo da Victoria's Secret ajudando o consumidor a conhecê-la pessoalmente por meio da mídia. Quando lhe apresentaram a assustadora tarefa de enfrentar a mídia depois de obter sua primeira capa na *SI*, ela fez cada jornalista se sentir como se fosse o primeiro a quem respondia perguntas. Até mesmo se lembrou dos nomes de cada um dos redatores, o que fez com que eles se sentissem respeitados. Esse é o tipo de compromisso e profissionalismo que procuro em meus clientes."

Quando pedi a Dan Klores exemplos de alguém que tivesse sido bem-sucedido pela firmeza de caráter e pelo esforço, Sean Combs (Puffy Daddy) foi o primeiro nome que lhe veio à mente. Ele me disse: "Esse cara trabalha vinte horas por dia. É claro que queria aparecer e se tornar famoso, mas nunca bancou a prima-dona." Klores relembra: "Ele era assistente e promoter de clube. Um joão-

42 um QUÊ especial!

ninguém. Nos círculos empresariais, referem-se a ele como um vencedor. Sean sempre teve visão."

Você poderá dormir quando estiver morto: especialmente no começo, deve ser disciplinado e entender que dormir é um luxo. Há muito a fazer em pouco tempo e, quanto mais você deixar para amanhã, menos chances terá de ser bem-sucedido. Além de construir a sua marca, imagem, empresa e seu guarda-roupa, há outras coisas a considerar. Veja minha amiga Amy Sacco. Ela é dona das duas boates mais quentes de Nova York, Bungalow 8 e Lot 61. Além de trabalhar nelas todas as noites, Amy vai a dois ou três coquetéis por noite porque sabe que encontrando pessoas, não só se torna um anúncio ambulante de seu negócio, como pode atraí-las para as suas boates.

Klores também vê Arianna Huffington como alguém que se dedicou totalmente à autocriação ou, no caso dela, à recriação. Há anos, Arianna era conhecida como uma freqüentadora de festas que tivera muitos "namorados", ou *"lov-uhs"*, como Sarah Jessica Parker tão celebremente os chamou em um dos últimos episódios de *Sex and the City*. Ela se casou com um homem muito rico e era vista como o cérebro por trás de sua busca por um lugar no Senado. Ele não conseguiu, os dois se divorciaram e ela se perguntou o que iria fazer. As pessoas começaram a vê-la como uma espécie de rainha demoníaca por trás do trono conservador, e ela teve de mostrar algo novo. Então, segundo Klores: "Contratou um empresário de Hollywood e ambos desenvolveram uma estratégia. 'Vá devagar. Não se preocupe. A primeira coisa que fará é escrever uma coluna de notícias independente. Vinte, trinta, cinqüenta jornais a comprarão. Então, tornaremos sua imagem mais leve.' Eu me encarreguei disso. Ela fez uma campanha publicitária para a Comedy Central. Essa mulher conservadora na cama com Al

Atitude + Dedicação = Sucesso **43**

Franken. (Apresentador de rádio conhecido por sua postura política liberal. *N. do E.*) Eu representava a Comedy Central, e a representei. Foi assim que ela começou a seguir em frente."

Quando pergunto às pessoas sobre determinação e quem a tem, inevitavelmente mencionam Jennifer Lopez. Na minha opinião, Jennifer Lopez é uma cantora medíocre e certamente não é uma grande atriz. É claro que os homens a acham sexy, mas ela não é a maior beleza natural do mundo. Então, o que a levou à condição em que se encontra? Rachel Felder, que passou muitos anos trabalhando na Columbia Records e na revista *People* e agora é freelancer, diz que Lopez raramente pára de trabalhar. Às vezes, trabalha simultaneamente em um filme e um disco, no filme durante o dia inteiro e no disco até as quatro da manhã. Felder observa que, desde criança, Lopez "dizia para todos que seria famosa, e parece que sempre teve essa convicção e determinação".

O lixo de um homem é o tesouro do outro, mas documente tudo! Sempre tenha mais de uma idéia à mão, mas certifique-se de que todos saberão que as idéias são suas e não serão facilmente usurpadas. Anote-as, envie-as por e-mail para si mesmo, faça o que quiser, mas apenas as documente! Meu amigo Bradly, antes de se tornar o famoso produtor de tevê de *Entertainment Tonight*, trabalhou em outro programa. Um dia, sua chefe lhe pediu sugestões de vários convidados para o programa de entrevistas. Bradly disse dez ou 12 nomes sem pestanejar e, em vez de elogiá-lo, ela o criticou: "Deus me livre, que idéia! Eles são péssimos! Agora me deixe trabalhar!" Em seguida, ela o expulsou de sua sala e fechou a porta. Trinta minutos depois, o esforçado Bradly teve mais idéias, entrou na sala de sua chefe e a encontrou no telefone com o produtor executivo do programa, dizendo-lhe todos os nomes de Bradly como se tivessem sido idéia dela. O importante é ser sempre profissional e esforçado, mas também se proteger. Seu colaborador pode pare-

44 um QUÊ especial!

cer maravilhoso, mas como conhecer realmente uma pessoa se não lutamos do mesmo lado em uma batalha?

Quando penso nas pessoas que acreditam plenamente em sua própria excelência e têm o tipo de firme determinação de que falamos, imagino alguém que admiro por seu empenho e sua dedicação, que usou sua agudeza de espírito, seus interesses e talentos para se tornar um grande sucesso do rádio: Terry Gross, apresentadora de *Fresh Air*, da NPR. Seu programa é considerado capaz de fazer de um livro ou um disco um campeão de vendas. Na vida real, Terry é uma mulher baixa e de aspecto frágil, com grandes óculos e voz de menina, embora esteja na casa dos quarenta ou cinqüenta. É um tanto tímida e, de modo algum, parece poderosa. Mas, no ar, é poderosa e destemida, e tem uma voz ressonante. Sei que ela trabalhou para tornar sua voz mais forte, e também deve ter se esforçado muito para aprender a fazer os tipos de perguntas destinadas a descobrir coisas. Mas o que me impressiona em Terry é que obviamente ela sempre está preparada. É bem informada. Se entrevista um músico, sabe tudo sobre o seu trabalho, passado e atual. Um escritor pode contar com o fato de que Terry leu seu último livro e todos os outros anteriores. É por isso que ela tem os melhores convidados, e pessoas como o ator Sean Penn — conhecido por detestar ser entrevistado — não parecem se importar em ser entrevistadas por ela. Terry *se* tornou uma personalidade indispensável da mídia e publicou seu próprio livro, *All I Did Was Ask*.

Tento seguir essas regras em meu trabalho. Em um dia comum, em minha escrivaninha no *The New York Post*, ou fazendo reportagens para *Entertainment Tonight*, esforço-me por acompanhar uma matéria do início ao fim. Freqüentemente, fico acordada até tarde na véspera, indo a uma pré-estréia de filme, um lançamento de revista ou uma festa do canal HBO. Sei que talvez isso não pareça difícil, mas é uma parte essencial de meu trabalho, e é exaustiva. Fico no escritório o dia inteiro, só tenho tempo para correr para casa, talvez tomar um banho, me vestir e me maquiar, e sair em busca da grande notícia do dia seguinte. Quando volto para

Atitude + Dedicação = Sucesso **45**

casa, com freqüência depois da meia-noite, custo a dormir, apesar do meu cansaço. Na manhã seguinte, acordo cedo e vou novamente para o *Post*, onde os telefones tocam sem parar e a busca interminável por boas notícias continua. O que me faz seguir em frente? Gosto de pensar no que me trouxe aqui, de Ohio. Eu imaginava que meu nome estaria em uma coluna conhecida em todo o país, ou que apareceria regularmente em um programa de tevê nacional? Imaginava que a Miramax Books me daria um contrato de livro? É claro que não. Eu realmente tinha uma vaga idéia de que era ambiciosa, não queria trabalhar em uma companhia de seguros e, como já mencionei, não queria me tornar advogada. Não me importo de trabalhar muitas horas, sete dias por semana, porque adoro o que faço. Acho que isso também é o que distingue todas as pessoas bem-sucedidas — elas adoram o que fazem.

Aprenda a realizar várias tarefas. É irônico eu dizer isso porque... Bem, tenho dificuldade em dirigir um carro e fumar ao mesmo tempo... Mas, em outras áreas de minha vida, faço malabarismos. Como construir um nome — no caso, o seu — exige muita habilidade e envolve fazer várias coisas ao mesmo tempo, você terá de aprender a fazer isso. Uma dica útil: anote tudo em um diário. Faça cronogramas e siga-os. Planeje o dia e a semana que você tem pela frente. Fique sempre atento ao que está fazendo.

Pouco tempo atrás, vi David Remnick, editor de *The New Yorker*, dar uma palestra em um grande evento jornalístico. Sei, por intermédio de pessoas que trabalham no *The New Yorker,* que David é um editor muito bem-informado, lê toda a sua revista semanal, tem muito a dizer sobre seu conteúdo e estilo e também encontra tempo para escrever um pouco. Contudo, lá estava ele falando apaixonadamente sobre o que acontece na Rússia hoje e como lá os jornalistas sofrem cada vez mais censura. O primeiro

46 um **QUÊ** especial!

livro que David escreveu foi sobre a Rússia, e ele é um especialista nesse país. Com toda a responsabilidade que agora tem de dirigir uma das revistas mais importantes dos Estados Unidos, como encontra tempo para se manter atualizado sobre uma questão internacional tão importante e para escrever e falar com tanta eloqüência e paixão? O fato é que isso é a paixão de David — e ele sempre encontra tempo para a sua paixão. Para ele, o trabalho extra não é um fardo, mas outra coisa que deve ser bem-feita.

Para mim, essa é a essência do que significa buscar o sucesso, ser uma celebridade. A maioria das pessoas que chegam ao topo em suas áreas — David Remnick, Madonna ou o dono de uma padaria — são genuinamente inspiradas e apaixonadas pelo que fazem. Para elas, o que fazem não é tedioso; apenas um trabalho a ser feito. No caso de Madonna, significa aparecer depois de alguns anos com um novo visual, um novo som, um novo nome de turnê. As mesmas regras se aplicam a você se estiver abrindo sua empresa de contabilidade em uma pequena cidade. É preciso conhecer o seu negócio, saber atrair a atenção das pessoas, acreditar em seu próprio valor e sua excelência, além de ser dedicado.

Chutzpah: uma palavra iídiche que minha avó sempre usava (especialmente quando eu lhe pedia dinheiro), que significa uma quantidade incomum de audácia ou coragem. Todos precisam de um pouco de *chutzpah* para chegar a algum lugar. Lembre-se de que o sucesso não é para os acomodados.

Talvez seja fácil presumir que os mais importantes e poderosos entre nós estejam isentos dessas regras, mas não estão. Leslee Dart foi sócia da superpoderosa empresa de relações públicas PMK e assessora de imprensa de Nicole Kidman, Tom Hanks e Hugh Grant, para citar apenas alguns nomes. Ela me disse que, entre outras coisas, o que realmente torna alguém um superastro é o nível de empenho, dedicação e vontade de fazer um esforço extra quando já se é um "grande astro" que e talvez pudesse se satisfazer

Atitude + Dedicação = Sucesso **47**

com menos. Ela me contou que, certa vez, foi ao Festival de Cinema de Veneza com Nicole Kidman, que só chegou a Veneza cerca de uma hora antes da programada para aparecer no tapete vermelho. Leslee e o marido ainda estavam em seu quarto de hotel se vestindo quando ouviram uma batida na porta. Era Nicole. Ela sorriu e disse: "Oi, vocês estão prontos? Querem tomar uma taça de champanhe?" Nicole estava linda, pronta para ir, e não esperou que uma comitiva fosse buscá-la em seu quarto. Leslee disse que esse é apenas um exemplo da extrema amabilidade e do profissionalismo de Nicole Kidman: "Nicole entende que parte de sua responsabilidade de atriz é vender seus filmes. Eu lhe digo que o que ela faz por um filme é extraordinário, indo muito além de seu dever." Eu lhe pedi mais detalhes do que queria dizer. Leslee continuou: "Eu explico para a Nicole por que ela talvez tenha de fazer uma viagem cansativa ou dar algumas entrevistas extras. Quando ela entende os motivos, pode concordar ou discordar, mas, seja como for, estará disposta a ir e ponto final." Leslee disse que, muitas vezes, está chovendo e os guarda-costas a estão cercando, mas, ainda assim, Nicole caminha alguns quarteirões extras e fica ensopada só para cumprimentar seus fãs ou dar autógrafos.

Se a maravilhosa Nicole Kidman, que usa vestidos de alta-costura, está disposta a se ensopar para cumprimentar fãs que provavelmente nunca verá de novo, você não deveria estar disposto a fazer um esforço extra para oferecer a seus clientes um serviço perfeito ou um produto extraordinário? Nicole sabe que cada fã que encontra é outra entrada vendida para o seu próximo filme. E você deveria saber que cada cliente que se esforça por agradar é outro bolinho vendido em sua padaria.

O trabalho duro sempre tem de ser acompanhado de persistência, que é a chave para todo sucesso. Raramente, ou nunca, uma primeira tentativa é bem-sucedida.

Veja o caso de Elisabeth Rohm, a atriz que substituiu Angie Harmon como assistente do personagem Jack McCoy, de Sam Waterston, no seriado *Lei e Ordem*. Como muitos aspirantes a atores e atrizes, ela teve de esperar a sua grande chance, mas não ficou de braços cruzados durante esse tempo. Fez inúmeros testes e pra-

48 um **QUÊ** especial!

ticou continuamente a sua arte, na maioria das vezes sem sucesso. Mas ela não viu essas rejeições como fracassos. Em vez disso, afirma que, no que diz respeito à vida e à busca do que quer, "você não pode escolher suas batalhas — tudo é uma batalha... por definição, o sucesso tem a ver com a capacidade de resistência".

Ela estava com um novo agente e, por conta disso, em uma visita de alguns dias a Los Angeles. Não esperava fazer testes durante aquele curto período, mas, surpreendentemente, fez alguns. Um deles foi para um piloto do produtor de *Lei e Ordem* Dick Wolf, quando ela conheceu o homem para quem acabaria trabalhando. Ela não conseguiu o piloto, mas causou uma boa impressão em Wolf.

Alguns anos depois, quando Wolf tentava substituir Carey Lowell no seriado, Rohm novamente fez um teste para ele. Wolf, mais uma vez, gostou do trabalho dela, mas o papel acabou nas mãos de Angie Harmon. Alguns anos se passaram, e Angie Harmon estava deixando o programa. Novamente, Wolf precisou de uma substituta. Dessa vez, quando Rohm fez o teste, ganhou o papel, e agora é co-estrela de Waterston.

Ironicamente, algo muito parecido aconteceu com Rohm quando conseguiu seu primeiro papel em um filme de longametragem, *Miss Simpatia 2*, estrelado por Sandra Bullock. Rohm fizera um teste para um papel em *Miss Simpatia*, mas não o conseguiu. Dessa vez, quando foi chamada para fazer o teste, ela foi a escolhida.

Lis salienta que, se tivesse deixado que as primeiras rejeições realmente a magoassem ou a impedissem de continuar a tentar, nunca teria voltado a fazer o teste diante das mesmas pessoas que não a escolheram da primeira vez. É desnecessário dizer que, se não tivesse feito o teste, não estaria onde está hoje. Lis sabe que é preciso ter persistência, atitude positiva, compromisso e dedicação extraordinária para progredir em qualquer área, ainda mais em uma em que a concorrência é tão grande e as rejeições são tão comuns.

Quando se trata do significado de trabalhar duro e persistir mesmo depois da chegada do grande momento, também penso em Candace Bushnell, que criou *Sex and the City* com suas colunas do *New York Observer*, e mais tarde seu livro. Ela desejava ser escritora de livros infantis (achava esse objetivo mais realizável do que o sonho de ser romancista). Depois de trabalhar duro durante mais de um ano em seu primeiro manuscrito, ele foi rejeitado por todos os editores a quem o enviou. Candace ganhava a vida como freelancer, mas o que a fazia persistir era a idéia de se tornar uma escritora de livros, não uma colunista de um jornal semanal local. Contudo, o que escrevia para o *Observer*, um periódico de leitura obrigatória, era diferente de tudo o que as pessoas já tinham lido. Candace oferecia aos leitores uma visão da vida agitada de Manhattan em relação a festas, boates, amizades e romances. Por seu primeiro livro, basicamente uma compilação de suas colunas, ela recebeu um pequeno adiantamento de uma amiga que dirigia uma pequena mas prestigiosa editora.

Para promover o livro, Candace sempre fez questão de ser vista por todas as pessoas certas, em todos os lugares certos. Outro amigo, o produtor Darren Star, leu seu livro e concluiu que daria uma ótima série de televisão, embora reconhecesse que aquilo era arriscado. Mais uma vez, Candace recebeu um pequeno adiantamento — ela não tinha certeza de que a série seria feita. Nesse ínterim, trabalhou arduamente e escreveu seu próximo livro de ficção, composto de quatro histórias e intitulado *Quatro louras*. Na mesma época em que foi publicado, a série da HBO estrelada por Sarah Jessica Parker se tornou um sucesso. Hoje, Candace Bushnell é uma celebridade. Contudo, o mais importante para ela é que, aos 45 anos, realizou seu sonho de ganhar a vida como romancista. Ela assinou um contrato de três livros com uma grande editora e é escritora de *best-sellers* internacionais.

Quando se trata da própria escrita, ou da venda de seus livros, Candace é uma profissional dedicada que trabalha duro. É gentil e amigável com seus leitores e fãs, e sabe que deve apoiar a carreira de escritora com aparições públicas, noites de autógrafos e presença na mídia. Sua atitude e seu compromisso com o que faz foram cruciais para o seu sucesso.

50 um **QUÊ** especial!

A Teoria de Ohio: Esqueça Nova York e Los Angeles. Se algo der certo em Ohio, será um sucesso nacional. Eu nunca me esquecerei da noite, seis anos atrás, em que meu pai, nascido e criado em Cincinnati, saiu com seu prato da sala de jantar e foi comer diante da tevê para ver um homem chamado Bill O´Reilly. Eu deveria ter imediatamente apostado em Bill O´Reilly e comprado ações do canal Fox News, porque se papai não está comendo na mesa, algo está acontecendo! (O'Reilly é um dos mais reconhecidos apresentadores de tevê e rádio dos Estados Unidos. *N. do E.*) Em um nível mais amplo, mesmo se você estiver realizando um projeto nacional, pense em Ohio ao traçar seu plano — é o consumidor da classe média que pode torná-lo um sucesso. Se você só se concentrar na elite, fracassará.

Em outra área, há o sucesso de Silvano Marchetto, dono do agora lendário restaurante Da Silvano, no centro de Greenwich Village, Nova York. Silvano é um magnífico chef e compra todos os dias os ingredientes usados nas refeições. Está no negócio há mais de 15 anos e, na maior parte desse tempo, o restaurante foi freqüentado por celebridades e pessoas influentes da cidade. Até mesmo membros da realeza podem ser vistos lá. Como Silvano conseguiu alcançar e manter esse sucesso? Em primeiro lugar, ele sempre está no restaurante recebendo seus clientes com um sorriso e um cumprimento (embora, para falar a verdade, às vezes seja quase impossível entender o que diz). Ninguém sabe administrar um espaço como Silvano. Mas ele também sabe a importância de obter publicidade para o restaurante. Você verá freqüentemente menções ao restaurante Da Silvano em Page Six, porque há muitas noites em que a lista de clientes inclui gente como Jack Nicholson, Sean Penn, Gwyneth Paltrow, Rod Stewart, Bruce Willis, Sofia Coppola e eu mesma. Silvano sabe que deve estar lá para se certificar de que tudo dará certo, todos se divertirão e os ausentes saberão pela imprensa e pela propaganda boca a boca o que perderam — o que representa boa parte da fórmula do sucesso, assim como servir uma ótima comida. Seu amor constante pelo negócio, a atitude positiva e a dedicação em manter o alto nível do lugar tornam o Da Silvano um dos restaurantes mais apreciados e bem-sucedidos de Manhattan.

Parte do que lhe digo é apenas bom senso, minha própria experiência diária diz que, não importa se você é o gerente do lugar em que tomo o meu café-da-manhã ou o músico de maior sucesso nos Estados Unidos, chegar ao topo e nele permanecer nunca têm a ver com apenas se sentar e ser bonito. Têm a ver com paixão, visão, dedicação, fé em si mesmo e no que faz, e com o conhecimento contínuo do que você precisa para conquistar o respeito de clientes, fãs e de todos aqueles de quem depende o seu negócio ou a sua profissão. E um trabalho sempre deve ser feito com profissionalismo. Afinal de contas, você está sendo (ou será) pago por isso!

CAPÍTULO TRÊS

Tudo tem a ver com o momento e o lugar certos

Às vezes, por pura sorte, coincidência ou o alinhamento adequado dos astros (e, dessa vez, me refiro aos do céu), tudo dá certo. Você planeja seu casamento (ou o de outra pessoa, se for uma organizadora de casamentos como a guru Jô Gartin) ao ar livre, na praia, sem toldo. Chega o grande dia e o céu está lindo, azul, sem nuvens. Há uma leve brisa, mas nada que erga toalhas de mesas ou vestidos, ou tire chapéus de cabeças. Geralmente, há os sons de fundo do trânsito, mas, hoje, por algum motivo inexplicável, tudo está silencioso. Em um dia quente típico de verão, seus cabelos ficam muito crespos, mas hoje estão suavemente ondulados. Seu cachorro não está latindo, embora haja muitas pessoas por perto. Todos foram pontuais, a cerimônia foi realizada sem qualquer problema e você até mesmo conseguiu se divertir. Dá um profundo suspiro de alívio e agora parte para a lua-de-mel!

Está bem, isso é um conto de fadas. Na maioria das vezes, vamos encarar o fato de que, se você não providencia um toldo, chove. O padre se perde a caminho da cerimônia e chega duas horas atrasado. O cachorro pula em seu vestido de alta-costura, deixando nele as marcas lamacentas de suas patas. Seu cabelo fica crespo. Talvez tudo isso seja apenas azar, porém o mais provável é que você não tenha se preparado adequadamente para todas as contingências. Escolheu o momento errado (o casamento foi

Tudo tem a ver com o momento e o lugar certos **53**

perto de Fenway Park, na hora do início de um jogo do Red Sox) e o lugar errado (uma igreja histórica que passava por uma grande reforma).

Um organizador de casamentos saberia evitar essas ciladas, mas, se você tivesse se informado bem, pensado estrategicamente e planejado adequadamente, também poderia ter concluído que seria melhor realizar o casamento em sua segunda opção de lugar, em um momento que permitisse que os convidados, familiares e demais envolvidos na cerimônia chegassem na hora marcada.

Quando se trata de abrir um negócio, procurar um emprego, dar uma festa, planejar uma mostra de arte ou uma apresentação de banda — qualquer coisa na vida —, o momento e o lugar certos têm importância crítica. Se você planeja pedir um aumento à sua chefe, é uma atitude inteligente pedi-lo durante a festa de fim de ano, quando é improvável que ela queira falar sobre trabalho (ou que se lembre do assunto na manhã seguinte)? Ou entrar no escritório do chefe, encontrá-lo com as mãos na cabeça murmurando consigo mesmo sobre os juros absurdos de sua hipoteca, mas decidir prosseguir com o que ia fazer e lhe pedir uma licença de seis meses? Isso seria suicídio. Quando se trata de uma conversa importante, é preciso pensar antes. Em que momento do dia seu chefe está mais relaxado e aberto? É melhor ter uma conversa vital com ele no escritório, onde poderia ser distraído por telefonemas, e-mails e outras interrupções? Seria melhor marcar um encontro, ou arriscar pegá-lo desprevenido? É possível convidá-lo para um almoço tranqüilo e, em seguida, fazer-lhe seu pedido?

Ao trilhar o caminho da fama e da fortuna, é importante pensar sobre como, quando e por onde começar. Em uma empresa imobiliária, o mantra é "lugar, lugar, lugar". Mas o quanto o lugar é importante na busca por sucesso em qualquer área? O quanto o momento é importante? No meu entender, as duas coisas são igualmente cruciais. Por exemplo, como menciono em outra parte deste livro, certos meses do ano são ideais para certos tipos de publicidade.

54 um QUÊ especial!

Às vezes, o lugar basta. Jeanie Buss é vice-presidente executiva de operações comerciais do time de basquete Los Angeles Lakers. (Também é filha do proprietário.) Jeanne riu quando lhe perguntei como o lugar pode tornar alguém famoso e disse: "Sentar perto da quadra em um jogo dos Lakers pode tornar você famoso. *Vanity Fair* fez uma matéria sobre isso. Olhe para os lugares perto da quadra e tente descobrir quem são as pessoas que estão assistindo aos jogos, pessoas que vê pela tevê.

"Há um homem excêntrico que se senta distante apenas alguns lugares de Jack Nicholson. Usa calças e paletó de pele de cobra e um chapéu com uma pena. É muito excêntrico. Sempre chama a atenção e as pessoas me perguntam: 'Quem é? Quero dizer, ele é famoso, certo?' Todos acham que deve ser um executivo da indústria da música, alguém da área de entretenimento, porque quem mais se vestiria daquele modo? Acontece que ele é dono de lojas de móveis. Seu nome é Jimmy Goldstein. As pessoas sempre me perguntam. Esperam uma grande história, como ele ter descoberto a Madonna ou algo no gênero.

"Mas Jimmy encontrou um modo de se tornar membro de um círculo do qual normalmente não faria parte, apenas porque se sentou perto da quadra. Ele é um exemplo perfeito de quem se tornou uma celebridade por nenhum outro motivo além de estar no lugar certo. As pessoas fazem qualquer coisa para conseguir lugares perto da quadra. Alguns anos atrás, havia um músico, cujo nome não posso citar, que não gravava nada havia quase dez anos. Era como se tivessem se esquecido dele. Alguém me deu dois ingressos para perto da quadra, que não iria usar. Eu disse ao músico: 'Se você quiser assistir a um jogo dos Lakers, tenho dois ingressos para perto da quadra.' Ele acabou indo. Um produtor musical que assistia ao jogo foi até ele e disse: 'Oi, como vai? Não o vejo há dez anos, o que está acontecendo?' O músico respondeu: 'Estive trabalhando em uma nova música, compondo algumas coisas.' O produtor retrucou: 'Adoraria ou-

Tudo tem a ver com o momento e o lugar certos **55**

vir.' Ele acabou gravando um disco, e eu ganhei um belo buquê de flores. "E lembre-se de que Paula Abdul foi líder de torcida dos Lakers. Não me lembro qual foi o membro da família Jackson, talvez fosse mais de um, que estava sentado perto da quadra em um jogo dos Lakers e viu Paula dançando. Aquilo deu início à sua carreira." Embora seja possível você não morar em Los Angeles ou conhecer Jeanie, sempre há lugares, até mesmo em cidades pequenas, aonde ir para ser visto, notado e se misturar com pessoas que podem ajudá-lo em sua carreira. Encontre-os!

No mundo editorial, por exemplo, setembro e outubro são considerados meses para lançar livros dos escritores mais conhecidos, que se sairão bem competindo com outros por espaços nas prateleiras. Os editores sabem que, em um ano de eleição, é mortal lançar uma obra séria de não-ficção que não esteja relacionada com o tema logo antes ou após o dia da eleição, porque a mídia estará voltada para a eleição e pouco inclinada a fazer uma cobertura do livro. O programa *Today* não convidará o autor, porque procurará convidados que possam satisfazer à sua necessidade de matérias mais explosivas.

Por outro lado, novembro é o mês ideal para publicar um grande e caro livro ilustrado de capa dura na Itália (é um ótimo presente de Natal), e janeiro é o mês perfeito para publicar um livro sobre saúde ou dieta que ajude a cumprir resoluções de Ano-novo como "vou começar a me exercitar" ou "vou perder cinco quilos".

No que diz respeito aos assessores de imprensa que tentam divulgar novos produtos ou obter ampla cobertura para um evento que talvez não seja muito expressivo em termos de publicidade, janeiro e agosto são considerados meses sem grandes novidades. Portanto, nesses meses há mais chances de fazer alguém na mídia prestar atenção neles, já que existe menos concorrência para preencher seu tempo no ar ou espaço na imprensa. Uma assessora de

56   um QUÊ especial!

imprensa de Miami, por exemplo, me disse que a "alta" temporada de Miami está ficando cada vez mais curta. A alta temporada ocorre nos meses do inverno, quando pessoas de todos os Estados Unidos e do mundo vão para Miami fugindo do frio, para pegar sol e se divertir. Com tamanha concentração de nomes conhecidos e a subseqüente atenção da mídia, todos se reúnem na maior quantidade possível de festas de celebridades e eventos corporativos.

Na Flórida, a alta temporada é no inverno. A partir de novembro, muitos dos ricos de Nova York e Los Angeles fazem as malas e voam para South Beach e Palm Beach, enchendo os hotéis mais badalados das cidades. A temporada termina no fim de janeiro ou no início de fevereiro. A original era muito mais longa, começando em setembro e se estendendo até março. Devido ao aparecimento de outros lugares badalados como o México e o Brasil, a temporada de Miami encurtou.

Portanto, obviamente seria de seu interesse programar um lançamento ou uma festa em Miami para os meses de baixa temporada, talvez logo após os sucessos do inverno, ou na primavera, quando ainda sopra um vento frio em Nova York, a mídia local está ávida por novidades e não há tanta concorrência por seu tempo.

Se você pensa em abrir um novo negócio, lançar-se em uma nova aventura, reinventar — ou até mesmo inventar — a si próprio e ainda não decidiu onde arriscar, pense cuidadosamente em todas as opções. Se deseja se mudar para outra cidade, escolha uma que precise de seus serviços. Quando eu freqüentava a universidade em Atlanta, no início da década de 1990, a cidade crescia tão rapidamente que seu apelido era "Hotlanta". Restaurantes e bares pipocavam por toda parte. Era um momento ideal para, digamos, uma empresa de lavagem a seco ou manutenção de toalhas se instalar na cidade e oferecer seus melhores serviços.

Quase todos os anos, as revistas de negócios publicam listas das cidades que crescem mais rápido no país ou dos melhores lugares para viver. Escolha um e pergunte a si mesmo: "Conheço alguém lá que possa facilitar a minha mudança?" Outras perguntas a fazer: "O lugar tem o que precisarei para começar? Quanta concorrência enfrentarei em minha área? Em que a concorrência é especializada? Meus vizinhos são sociáveis, ou picharão a minha loja todas as noites? Há estacionamento suficiente na área?" Perguntas desse tipo podem ser respondidas com uma ida à biblioteca pública ou pesquisas na Internet. Também é uma boa idéia checar um possível sócio no Better Business Bureau e entrar em contato com outros empresários locais para esclarecer suas dúvidas.

Agora, se você não está preparado para se mudar, comece a procurar áreas em crescimento ou promissoras em sua própria cidade. Mas cuidado. Se a área é promissora há mais de cinco anos, as chances são de que fique só na promessa.

As mesmas perguntas que se aplicam a uma mudança de cidade também se aplicam a uma mudança de bairro em sua cidade atual. Digamos que você esteja tentando lançar uma nova linha de roupas muito extravagantes, ou até mesmo escandalosas. Ainda não decidiu se deve abrir o negócio em sua cidade natal, Atlanta, ou migrar para uma capital da moda, como Nova York ou Los Angeles. Se ficar em Atlanta, terá a vantagem de saber onde está pisando, quem são os "formadores de opinião" da cidade, quais bairros de Atlanta são mais viáveis e próprios para o negócio. Presumivelmente, você já tem contatos na comunidade da moda e na imprensa especializada e sabe quem são as pessoas certas a convidar para seu primeiro desfile, a inauguração da loja etc.

Por outro lado, a relações-públicas Liz Lapidus descreve o cenário de moda de Atlanta como menos inovador do que o de outras cidades. Diz que, ao contrário do que ocorre em Nova York ou Los Angeles, em Atlanta você "pode usar as roupas da última estação e ainda estar na moda". Então, talvez isso signifique que os lojistas de Atlanta não serão receptivos à sua moda mais vanguardista e que você deve encontrar um nicho em uma cidade em que ela seja mais

58 um **QUÊ** especial!

aceita. Mais uma vez, você poderia se mudar para um bairro mais alternativo da cidade, como Little Five Points, e começar a vestir seus habitantes mais urbanos e chiques.

Como descobrir o que é melhor para você, se não tem o melhor assessor de imprensa da cidade? Comece lendo as revistas e os jornais locais para ver o que está em destaque e o que as celebridades locais estão usando. Informe-se e faça as perguntas necessárias para o seu negócio. Se você está tentando entrar no mercado televisivo local, quais são as suas chances se não tem muita experiência anterior? Se escolher um mercado menor, suas chances tenderão a ser melhores. Se você deseja abrir uma cafeteria, não escolha uma cidade que tenha uma Starbucks em cada esquina. Ou, se fizer isso, certifique-se de que seu produto será melhor, mais barato e servido mais rápido. Ou, então, tente trabalhar com algo que ainda não seja oferecido ali ou se instalar em um bairro em desenvolvimento. Contudo, a chave é conhecer o seu negócio. Entre em contato com a Câmara de Comércio local. Faça sua própria pesquisa de campo. Descubra qual é a composição econômica de seu bairro-alvo e se seu serviço é adequado para essa população.

Jillian Kogan, da MTV, observa que, em Los Angeles, algo escandaloso não é um problema: "Los Angeles é um lugar tão maravilhoso... Não importa o quanto uma roupa seja ridícula... Ou que os seios estejam à mostra — ela funciona." Por outro lado, Nova York não é apenas difícil de conquistar, como também muito apreciadora de marcas. As nova-iorquinas elegantes preferem Prada, Marc Jacobs, Roberto Cavalli e outras marcas conhecidas. Até mesmo jovens talentos como Zac Posen em geral só são aceitos depois que algumas celebridades adotam a sua linha e são fotografadas para as páginas de *People*, *US Weekly* e *Star*. Então, as impressionáveis mulheres correm para as lojas para imitar seus ícones da moda.

Descubra em que cidade ou bairro seu tipo de negócio ou profissão atrai mais clientes, ou menos. Então, procure um lugar no meio para atender a um nicho e ganhar dinheiro.

Tudo tem a ver com o momento e o lugar certos **59**

Em termos de cobertura da mídia, o lugar freqüentemente pode ser usado de modo muito vantajoso. Para a pré-estréia em Nova York do filme de Howard Stern *O Rei da Baixaria*, Dan Klores teve a idéia de atrair os fãs de Stern com um telão, como os fãs de uma banda de rock são atraídos para um concerto. O lançamento do filme estava programado para fevereiro; por isso, ele sabia que um lugar ao ar livre não seria possível. De seu ponto de vista, o único outro lugar maravilhoso e perfeito seria o Madison Square Garden. A princípio ele não conseguiu fazer os executivos da Paramount aceitarem a sua idéia. Contudo, pouco a pouco, ele os convenceu de que ligar uma pré-estréia do tipo concerto no Madison Square Garden ao lançamento de um CD com a trilha sonora do filme nas lojas de disco teria o efeito de alvoroçar a cidade com a extravagância de *O Rei da Baixaria*. A estratégia deu certo.

Quando penso na importância do lugar, sempre me lembro de Danny Meyer, cujos cinco restaurantes em Nova York foram todos incrivelmente bem-sucedidos, a começar por seu agora clássico Union Square Cafe, sempre votado em *Zagat* como o restaurante mais popular da cidade. De muitos modos, Danny é um visionário, mas sua escolha do lugar foi a chave para o seu sucesso. Ele escolheu abrir seu primeiro restaurante, o Union Square Cafe, no Flatiron District, um bairro um pouco decadente na época, acreditando que poderia ser uma parte da revitalização da área. Seu jogo foi compensador. O restaurante foi suficientemente bom para atrair clientes de todas as partes da cidade e se tornou um símbolo de esperança do bairro, garantindo a outros possíveis investidores que também poderiam ser bem-sucedidos ali. Dá para ir a pé do Union Square Cafe para os seus quatro outros restaurantes e, hoje, o bairro abriga muitos outros, alguns dos melhores da cidade.

Alguns dos maiores inovadores de nosso tempo atenderam a um nicho, lançando uma idéia nova do que parece ser o momento certo, tirando vantagem do senso de oportunidade de um modo engenhoso que não só satisfaz a uma necessidade, como também cria uma demanda por um produto antes não existente. Veja o caso de Ted Turner, fundador da CNN, ou Bill Gates, fundador da

60 um **QUÊ** especial!

Microsoft. Esses dois homens tinham idéias visionárias traduzidas em produtos práticos e lançadas no momento certo.

Eu não incluiria o precursor dos reality shows Mark Burnett na mesma categoria de Ted Turner ou Bill Gates, mas os empreendimentos de Burnett também ilustram um bom senso de oportunidade. Burnett viu que a programação das redes de tevê estava se tornando um pouco batida e que, para muitas redes, as fórmulas convencionais de drama e sitcom não estavam mais dando certo. Agora, as produções de Burnett, de *No Limite* a *O Aprendiz* e *The Restaurant*, constituem uma categoria própria de programas apresentados no horário nobre de várias redes de tevê.

Lembre-se de que a imitação é a forma mais sincera de elogio. Você pode ser o primeiro na área, mas não será o último. Seja apenas o melhor e dominará seu ramo.

Então, como tudo isso se aplica a você? Digamos que esteja abrindo um pequeno negócio em sua cidade natal. Há uma temporada particularmente importante para o seu negócio, que torna essencial que você esteja presente junto com seus concorrentes? Por exemplo, se você é um florista, e visa conquistar uma clientela que dá muitas festas, quando é a "alta temporada" das festas em sua cidade? Sempre há muitas em dezembro, mas quando começam a ser planejadas? Se quer que as pessoas pensem em você ao realizarem essas festas, seria cedo demais começar a pensar em conquistar possíveis clientes na primavera? Qual é o melhor modo de fazer isso? Como garantir que eles tomarão conhecimento de você, que terão a chance de ver o seu trabalho? Talvez você tenha uma amiga da família que freqüente os círculos sociais da cidade. Convença-a a dar uma festa para apresentá-lo. Você pode financiar a festa e, é claro, fornecer os arranjos florais. Talvez haja uma organização planejando um evento, mas, como não é lucrativa, não tem muito para gastar com coisas como flores. Porém, você sabe que muitas pessoas famosas estarão presentes. Ofereça-se para fornecer os

Tudo tem a ver com o momento e o lugar certos 61

arranjos florais com um bom desconto, mesmo que isso o faça perder dinheiro. Tenha muitos cartões de visitas à mão na noite do evento. Examine previamente a lista de convidados para descobrir se celebridades e a imprensa estarão presentes. Certifique-se de que no convite estará escrito: "Arranjos florais de ..."

Desiree Gruber, fundadora e diretora-presidente da empresa de relações públicas Full Picture, também reconhece a importância do senso de oportunidade para a sua empresa e os seus clientes. Ela diz: "Tudo tem a ver com o conhecimento de quem é o seu cliente e quando ele tende a ser mais receptivo ao seu produto."

Durante anos, Desiree planejou, com grande autoridade, os extravagantes desfiles da Victoria's Secret unindo extraordinária criatividade e ótimos resultados. Os desfiles foram realizados em várias épocas, dependendo dos objetivos da empresa para o ano em questão. Por exemplo, em um ano o desfile foi programado para o Dia dos Namorados. Segundo Gruber: "Victoria's Secret queria *ganhar* o Dia dos Namorados naquele ano." O evento foi planejado não só para os lojistas comprarem a lingerie da Victoria's Secret para o feriado, como também para maximizar a cobertura da imprensa. Todas as modelos usavam roupas íntimas ligadas tematicamente ao feriado. Nos camarins, dez supermodelos estavam à disposição da imprensa, que fazia perguntas como "O que você vai usar no Dia dos Namorados?" e "O que você espera ganhar de presente no Dia dos Namorados?". Naturalmente, as entrevistas, assim como o próprio desfile, atraíram a atenção da mídia.

Mas Gruber vai além. Ela observa que tudo é cíclico, como os filmes de ação campeões de bilheteria, lançados no verão porque seu público-alvo, os adolescentes, está de férias e disponível para gastar seu dinheiro no cinema. "A temporada social", observa, "ocorre no outono, e é por isso que meses antes as socialites conversam por telefone e e-mail a respeito de quando darão suas várias festas, para que as datas não coincidam."

Ao considerar como aplicar esse tipo de idéia ao seu próprio empreendimento, dê um passo de cada vez. Quais são os seus objetivos? Quem poderá ajudar você a atingi-los e qual é a sua melhor chance de despertar o interesse da imprensa, amigos, familiares ou

62 um **QUÊ** especial!

investidores? Você pensou no impacto que sua escolha do lugar terá em seus planos? Isso poderia determinar se você lançará sua carreira de ator em Los Angeles, Nova York ou Chicago, ou influir em quando e onde lançará sua campanha para a presidência da Associação de Pais e Mestres. Até mesmo presidentes dos Estados Unidos levaram isso em conta. Bill Clinton se apressou a terminar sua autobiografia em 2004 para que sua publicação não desviasse a atenção da Convenção Nacional Democrata e da própria eleição. Você está preparado para ser bem-sucedido?

CAPÍTULO QUATRO
Você tem a aparência adequada?

Pouquíssimas pessoas, e isso inclui as famosas de Nova York e Los Angeles, não precisam mudar o visual de vez em quando. Não me refiro a mudanças extremas com a ajuda de um cirurgião plástico ou uma equipe de tevê — embora algumas delas pudessem se beneficiar com isso. Refiro-me a tirar o máximo proveito do que se tem.

Veja, por exemplo, a minha amiga Dianne.

Dianne é uma grande produtora de televisão. Há ocasiões em que tem cinco programas em produção e dois no ar. Ela é uma mulher atraente, mas, na metade do tempo, você não percebe isso. Está sempre com os cabelos presos em um revolto rabo-de-cavalo, na maioria das vezes vai trabalhar — ou comparece a eventos — com a roupa suada e raramente usa maquiagem. Eu sempre me lembrarei do dia em que a forcei a ir a um bom cabeleireiro, vestir roupas elegantes e experimentar um pouco de maquiagem — ela ficou irreconhecível e maravilhosa. Mais importante ainda, em vez de parecer uma estagiária, ficou parecendo uma executiva. Se Dianne fosse trabalhar assim todos os dias, sem dúvida estaria dirigindo toda a rede!

Por mais que isso possa parecer fútil, acho que todos nós sabemos que a aparência é importante. O grande assessor de imprensa Matthew Rich se orgulha de dizer: "Está comprovado que a pessoa de melhor aparência consegue o emprego." É disso que estou falando. Vamos conseguir esse emprego!

64 um QUÊ especial!

Então, como descobrir quais são os seus melhores atributos, acentuá-los e disfarçar suas imperfeições? Se você não consegue fazer isso, consulte um especialista, mas escolha-o cuidadosamente. Não escolha o balconista de cabelos compridos da farmácia da esquina para ser seu guru de estilo. Pergunte a algumas pessoas, cujas opiniões você valoriza, quais são as suas melhores qualidades. Todos lhe dizem que você tem um sorriso incrível, cabelos maravilhosos ou fica ótima de vermelho? Faça uma lista do que você tem a oferecer na coluna das vantagens e, a partir daí, construa uma base para o seu novo visual. Isso pode ser tão simples quanto se informar sobre quem faz o melhor corte de cabelo na cidade, ou descobrir um estilo de vestir e o segui-lo à risca para que as pessoas comecem a identificar você com ele. Use revistas de moda mas não se torne uma escrava delas — o fato de não ser magra como as modelos não significa que não poderá ter uma ótima aparência (afinal, quem quer ficar parecendo um garoto de 12 anos?). E você nem imagina o que algumas modelos fazem para ficar tão magras!!! Quer parecer a Cameron Diaz? Você sabia que ela foi um dos piores casos de acne na idade adulta que eu já vi? Contudo, isso não parece impedir certas revistas de moda de descrever sua pele como "brilhante". Não digo isso para desvalorizar a Cameron Diaz, mas para ilustrar que o que você vê nas revistas freqüentemente tem mais a ver com retoques e truques de câmera do que com a aparência real das pessoas. (Eu sei que J. Lo e até mesmo a magérrima Lara Flynn Boyle têm celulite!)

E há o exemplo de Jennifer Aniston. (A personagem Rachel, da série *Friends*. *N. do E.*) Em 2004, ela abrilhantou a capa da seção "Most Beautiful People" da revista *People*. Mas ela é realmente bela, ou apenas muito bem cuidada? Quando começou, Jen era, senão sem graça, alguém para quem certamente você não olharia duas vezes. Mas, depois de fazer luzes nos cabelos, clareamento de dentes, depilação de sobrancelhas, uma ótima dieta, conseguir um personal trainer e comprar roupas maravilhosas, ela se transformou — sem cirurgia plástica — em um cisne.

Você tem a aparência adequada? **65**

O mesmo pode ser dito sobre Jennifer Lopez. Seus melhores amigos são claramente seu depilador e seu StairMaster. O fato é que você também pode deixar de ser sem graça e se tornar divina com algum esforço e ajuda especializada.

A magia de uma ótima depilação de sobrancelhas: nada muda mais a vida do que uma boa depilação de sobrancelhas. As sobrancelhas emolduram o rosto e, se bem-feitas, podem lhe dar imediatamente uma aparência boa e limpa. Acredite em mim — meus antepassados eram do Sul da Itália e do Leste Europeu. A parte peluda do Leste Europeu. Minhas irmãs e eu só descobrimos as maravilhas de nos livrarmos de nossas sobrancelhas juntas na casa dos 20, e agora nossa aparência está bem melhor. Eu lhe mostraria o antes e depois nos retratos da família, mas, bem, isso seria muito constrangedor, e por que olhar para mim quando você pode ver a transformação de Jennifer Lopez, antes com as sobrancelhas cerradas, em uma diva de sobrancelhas finas e arqueadas?

E repita comigo: anorexia não embeleza. Bulimia dá mau hálito. Significa ficar esquelética. A acne na idade adulta acontece, assim como o corpo assumir uma forma de pêra depois dos trinta. Freqüentemente, são as suas imperfeições que tornam você cativante. (Exceto por um ganho de peso particularmente notável que tive quando parei de fumar pela terceira vez. Acabei apelidando as minhas coxas de gêmeas gordas. Eram assustadoras, mas tive de conviver com elas. Infelizmente, era preciso: eu me deitava à noite e me levantava com elas todas as manhãs.)

Portanto, descobrir com quais partes de seu corpo você pode conviver e quais precisam de alguns retoques é meio caminho andado.

Mais uma sugestão: se você é baixa e tem cabelos escuros e cacheados, seu objetivo não deve ser parecer Uma Thurman. (Vamos encarar isto: a maioria de nós nunca se parecerá com ela,

66 um **QUÊ** especial!

não importa o quanto tente, então por que querer algo impossível assim? Seja como for, a maioria das pessoas que você vê em revistas, na tevê ou em filmes, que sempre parecem fantásticas mesmo em momentos informais — sabe de uma coisa? Aquele ar de "isso não é fácil?" consome HORAS. Na verdade, elas dispõem de máquinas que borrifam tintas coloridas e assistentes que as ajudam a aplicar cílios postiços — às vezes de vison. E isso entre idas ao toalete porque os laxantes estão começando a fazer efeito. E não pense que as celebridades masculinas são diferentes. Quando falo em retirada de pêlos, isso também vale para os homens. Metade dos membros do Hollywood Boys Club teve os pêlos arrancados ou eliminados a laser. E preciso falar na depilação masculina? A arte de fazer bronzeamento a jato na barriga para ressaltar os músculos abdominais é muito popular.

Voltando ao planeta Terra, uma aparência maravilhosa não é apenas uma questão de acordar, tomar uma chuveirada e sair pela porta. Quem lhe diz o contrário está mentindo ou tem menos de 14 anos! Para mim e para quase todas as mulheres que conheço, inclusive as famosas e com "quê" que povoam a cidade de Nova York, arrumar-se de manhã ou para sair à noite é um trabalho difícil! Eu consigo me maquiar em 15 minutos, mas apenas para parecer semi-humana, não totalmente alienígena.

Preste atenção a este grito de guerra: levante-se e faça algo em relação à sua aparência, ao modo como se apresenta — o que for preciso para ficar maravilhosa. Ter a aparência adequada pode levar você a qualquer lugar e persuadir qualquer um a lhe dar uma chance!

O que aconteceu comigo é ilustrativo. Antes da Page Six, eu trabalhava para a Dow Jones Newswires, onde escrevia sobre permutas de taxas de juros e operações de derivativos realizadas no mercado de balcão (transações financeiras obscuras). Na Dow poucas pessoas se importavam com a minha aparência — ou a delas — desde que meu guarda-roupa cumprisse as suas sufocantes exigências (terninhos e blusas sem graça e — argh — escarpins).

Tudo isso mudou quando fui para a Page Six do *The New York Post*, onde tinha de sair todas as noites. Devido ao meu trabalho,

Você tem a aparência adequada? **67**

ninguém me negaria acesso a um evento porque, vamos encarar esse fato, as pessoas queriam estar no jornal. Ainda assim, eu sabia que a minha aparência teria muito a ver com o modo como seria tratada. Mas só depois que começaram a me pedir para comentar sobre o mundo dos espetáculos para a televisão realmente me dei conta de que tomar uma chuveirada e sacudir os cabelos não bastariam mais para mim.

Eu era uma novata na Page Six. Como tal, muitas emissoras de tevê queriam me testar na esfera das celebridades. Você já se viu na tevê? Eu logo descobri que a câmera tende a acentuar o que é péssimo e minimizar o que é ótimo. Antes disso, não tinha a menor idéia de que, quando o meu cabelo estava naturalmente crespo, eu parecia um cotonete ambulante.

Além do fato de que eu não sabia como arrumar meus cabelos, me maquiar ou me vestir para a televisão, também havia o problema de que não era boa em falar direto no ar, mas essa é uma história para outro capítulo. Durante algum tempo, os convites pararam de chegar. Mas, então, entendi, e algo mudou. Comecei a fazer escova nos cabelos. E esta é uma nota importante para todas as mulheres de cabelos crespos: eles são ótimos, lindos e maravilhosos, mas *não* ficam bem na telinha sem o apoio de uma equipe de cabeleireiros.

Travesti na tevê: a aparência que todos nós temos quando termina uma filmagem. Para ficar bem na tela, você tem de literalmente empastar o rosto. Nunca, e eu quero dizer NUNCA, vá para a tevê sem maquiagem. Você parecerá desbotada, cansada e esquisita. Agora, por favor, note que isso fará você parecer bem na tevê, mas, na vida real, SUAVIZE O TOM! Há um momento e um lugar para o "travesti televisivo", e não é em um coquetel ou uma reunião da Associação de Pais e Mestres. Não exagere na maquiagem. Se você acidentalmente passar a manga de sua blusa branca no rosto ou na testa e ela ficar manchada de base, temos um problema.

68 um **QUÊ** especial!

Comecei a prestar atenção ao que o pessoal da emissora fazia em meu rosto e a copiar seus movimentos. Com os cabelos e a maquiagem sob controle, era hora de pensar nas cores boas (claras) para a televisão e usá-las. Isso pode parecer muito conformista, mas me ajudou a fechar um contrato com *Entertainment Tonight*. Agora, minha mãe e meu pai, junto com nove milhões de pessoas, podem me ver uma vez por semana!

Meu amigo Matthew Rich defende que você cultive o seu visual único para se sobressair, como fez Andy Warhol com alguns jeans pretos e uma peruca. "Tudo tem a ver com o seu estilo", diz ele. Veja Mary MacFadden, famosa designer de moda que é uma de suas clientes. Quando ela era mais jovem — tem uma idade mais avançada agora —, tinha um ar muito severo: pancake branco, pó-de-arroz e um corte pajem com os cabelos tingidos de preto-azeviche. Um dia Mary terá 110 anos e as pessoas que a conheceram olharão para ela e dirão: "Ah, meu Deus, você não mudou nada!"

Então, vamos tratar disso passo a passo.

Dar uma de Ethan Hawke, também conhecido como dar uma de Jared Leto: pouquíssimas pessoas ficam bem com uma aparência suja, grunge. E menos ainda podem tê-la sem ficar com o cheiro das meias usadas na semana anterior. Vou lhe dar uma dica: você não é uma dessas pessoas. Se acha que é, esqueça! A menos que esteja na escola secundária, quase ninguém achará essa aparência atraente. É só perguntar a Uma Thurman. Quando ela se separou de Ethan, correu direto para os braços do empresário hoteleiro Andre Balazs, um homem magro e elegante que *sempre* toma banho e se barbeia!

1. Cuidando da aparência

Se você está lendo este livro, espero que ache que muito do que está nesta parte é dolorosamente óbvio. Por exemplo, espero não ter de lhe dizer para TOMAR UM BANHO! Seja homem, mulher ou criança, a menos que você more na França, lembre-se de que a limpeza é fundamental. Parecer um pouco desarrumado é apenas um estilo. Dar a impressão de que você acabou de sair da cama pode parecer sexy, mas realmente acordar, passar pasta nos dentes com o dedo e sair correndo pela porta não é nem um pouco atraente. Por isso, mesmo que você tenha um ar de "eu-não-gasto-tempo-me-arrumando", certifique-se de que não há sujeira debaixo de suas unhas, o brilho em seus cabelos vem apenas do gel e aqueles jeans desfiados estão limpos e não parecem velhos. Se sua camisa branca favorita estiver manchada, livre-se dela! Se seus adorados sapatos Gucci estilo vintage estiverem com a sola gasta ou se desmanchando de cima a baixo, leve-os ao sapateiro ou aposente-os! Preste atenção aos detalhes que sinalizam para os outros que você cuida de sua aparência.

2. Cabelos

Meu amigo Ken Cranford, cabelereiro de 42 anos, é um mestre da tesoura do Stephen Knoll Salon, em Nova York. Ele diz a verdade quando afirma: "Uma mulher pode sair e gastar mil dólares em roupas, mas não terá boa aparência se seus cabelos não estiverem de acordo."

Eu mesma tenho lutado muito para domar meus cabelos e por isso pedi a Ken para me falar mais: "Os cabelos precisam ser tratados como um acessório, como todos os outros", disse-me.

"As pessoas não percebem isso, saem e gastam duzentos ou mais dólares em uma blusa e depois vão cortar os cabelos em um salão barato. Os cabelos acompanham você o tempo todo; você está preso a eles. Por isso, eu preferiria gastar dinheiro com o que é básico: os cabelos. A blusa é dispensável."

Quando você aceitar o fato de que seus cabelos nunca serão como os da modelo Christie Brinkley (ou pelo menos não sem a ajuda diária de uma equipe de cabeleireiros), respire profundamente e preste atenção ao formato de seu rosto, considere o tipo de cabelo que tem, sua idade, qual corte realçará as suas melhores qualidades. Ken me disse: "Tenho transformado muitas clientes aumentando ou diminuindo o volume dos cabelos nos lados." Pequenas coisas ajudam muito a melhorar todo o visual.

70 um **QUÊ** especial!

Sei que toda essa discussão sobre cabelos pode parecer fútil, mas você e eu sabemos que um bom corte pode fazer uma mulher parecer mais jovem, mais magra, mais alta — até mesmo mudar ou definir a sua carreira (como no caso de Jennifer Aniston e Farrah Fawcett).

> O corte emocional: querida, todas nós já passamos por isso. Eu costumava dizer "vou cortar aquele homem de meus cabelos" quando rompia com alguém. Foi assim que, com 22 anos, fiquei parecendo um cotonete. Aquele havia sido um ano particularmente agitado (e ruim) no que diz respeito aos homens. Agora, em vez disso, faço luzes, o que sempre é bem mais saudável. E, bem, de qualquer modo minhas raízes precisam ser retocadas a cada três meses. O importante é: fique longe do salão se algo ruim estiver acontecendo. O Edward Mãos de Tesoura do Supercuts não terá de conviver com aquele irrefletido corte arrepiado em cima e comprido atrás — você sim.

Tome cuidado com o corte emocional. Você sabe do que estou falando. É aquela coisa de "meu homem me deixou, meu trabalho me suga, minha hipoteca está me matando e preciso mudar". Ken aconselha: "Não há nada de errado nas mudanças". Mas, conhecendo minhas clientes como conheço, sei que algumas das mudanças não serão permanentes. Nesse caso, digo que não faço cortes emocionais, porque sei que uma semana depois a cliente voltará gritando: 'O que você estava pensando!? Você me conhece!!'"

E quanto a você, homem, a menos que seja Donald Trump, utilizar os cabelos das laterais para cobrir o topo da cabeça é inaceitável. A calvície é sempre melhor do que usar uma peruquinha óbvia (e, acredite, todas são óbvias). E poucas coisas são mais deprimentes do que homens de meia-idade com rabo-de-cavalo.

Você tem a aparência adequada? **71**

Nem todos têm a sorte de conhecer Ken (ou poder pagar por seus serviços). Então, o que fazer se você não pode pagar o melhor cabeleireiro na cidade, ou mora em um lugar em que não há bons cabeleireiros? Em quase toda grande cidade há um Vidal Sassoon, um Aveda ou outro salão de boa "marca". Se você não puder pagar o melhor profissional ali, eles costumam ter estagiários que fazem cortes mais baratos (com supervisão). Encontre um lugar de que goste, descubra o corte que fica bem em você e terá meio caminho andado. Agora, vamos examinar a difícil questão da cor. Pintar os cabelos em casa não é a melhor escolha, mas, se você não puder pagar um tinturista de salão, escolha cuidadosamente a marca da tinta — minha tinturista favorita de Nova York, Rita Starnella, também do Stephen Knoll Salon, recomenda Clairol Natural Instincts. Mas ela dá este conselho: nunca vá além de dois tons acima ou abaixo do seu e, se for pintar os cabelos em casa, tinja por igual, não faça luzes.

Minha tinturista, Rita, que também trabalhou com fashionistas como Anna Wintour e Pamela Fiori, a editora de *Town & Country*, diz que, em geral: "Você deve clarear os cabelos à medida que envelhece. Pouco a pouco. Lembra-se de Johnny Cash, com seus cabelos pretos, e Wayne Newton? Eles ficaram horríveis... parecendo a Morticia Addams. Então, clareio pouco a pouco os cabelos de minhas clientes... isso suaviza a fisionomia."

Há inúmeros produtos de farmácia que custam uma fração das luzes de 250 dólares de Rita (que, contudo, são maravilhosas e valem cada centavo). Ela sugere que você fique longe de todo produto em cujo rótulo esteja escrito "peróxido". Também aconselha que mantenha distância dos "kits de tintura" em que se puxam os fios de cabelo através de furos em uma touca — os cabelos podem ficar manchados e com um aspecto horrível. Se você realmente errar, Rita diz que a única solução é "pôr algo por cima". Como um tom castanho, se seus cabelos forem castanhos. "Apenas encubra o erro!"

Produtos recomendados: após anos experimentando tudo, eis a minha lista de produtos recomendados. Pele: para quem não tem um orçamento apertado, use os "La's", como La

72 um QUÊ especial!

Mer e La Prairie. A Kiehl's tem um ótimo creme contendo pó para a pele não brilhar, e toda a linha de Mario Badescu é maravilhosa. O creme da Pond's ainda faz milagres, assim como Neutrogena, Oil of Olay e o antigo Vaseline. Quanto aos cabelos, depois de todos estes anos, ainda não consegui encontrar um produto mais cheiroso e eficiente do que Pantene Pro-V. E, para quem fuma, agora existem sprays para cabelo que tiram o cheiro da fumaça. Use-os. O cheiro da fumaça entranhada nos cabelos é realmente desagradável.

3. Pele

Nada como uma pele clara, limpa e brilhante (a não ser um cabelo limpo e brilhante) para revelar saúde, beleza e atratividade. Eu nunca me esquecerei de quando parei de fumar. Depois de aproximadamente de um mês, as pessoas começaram a me parar na rua para dizer o quanto eu parecia ótima.

Isso foi importante para mim não só porque parara de fumar (infelizmente, voltei ao vício), mas também porque sofri — ah, como sofri! — de acne na adolescência e, às vezes, ainda sofro. Mas se, na adolescência, eu soubesse que com apenas algumas mudanças simples em minha rotina diária minha pele poderia ficar ótima o tempo todo, teria me poupado muita dor de cabeça!

Isso me leva à regra número um dos cuidados com a pele, uma regra que pretendo seguir em breve (mas, por enquanto, faça o que eu digo, não o que eu faço!): pare de fumar!

Para conselhos sobre pele, procurei um homem que cuidou de Courteney Cox Arquette, René Russo, Heidi Klum e Stephanie Seymour, entre muitas outras pessoas.

Ele é um guru da pele de nosso tempo, com best-sellers e linhas de produtos: Nicholas Perricone, autor de *O fim da acne*. A primeira coisa que ele faz é pôr as pessoas no "programa nutricional de três dias para um face-lift". Ele instrui seus leitores e pacientes a comer muito salmão, salada verde com azeite e suco de limão e frutos silvestres ou melão. Como esses alimentos são antiinflamató-

Você tem a aparência adequada? **73**

rios naturais, produzem uma pele radiante em apenas alguns dias. Também insiste em que seus pacientes abram mão do café e o substituam por chá verde, e bebam dez copos de água por dia. Mas o Dr. Perricone, como muitos outros dermatologistas, sabe que uma pele ótima não tem a ver apenas com o que você come e bebe (embora esses sejam fatores importantes). Também exige que você reduza o máximo que puder o estresse e, por esse motivo, recomenda 15 a 20 minutos de yoga por dia, o que aumenta a circulação, diminuiu os níveis de hormônios "ruins" e melhora o sono. Perricone não recomenda para a pele uma rotina complicada de cremes caros. Ele sugere "um produto suave para limpeza seguido de um creme antiinflamatório com ácidos alfa-lipóicos, todos naturais e que podem ser encontrados em lojas de produtos naturais". (Um desses produtos é o DMAE, um concentrado de uma substância natural presente no peixe que também pode ser encontrado em lojas de produtos naturais.) Ele diz: "Todas as celebridades usam DMAE no rosto. Não importa o quanto a sua noite tenha sido ruim, você parecerá ótimo."

Agora, que já discutimos os temas básicos de cuidar da aparência, cabelos e pele, vamos falar sobre o meu tema favorito (hum!)...

4. Roupas

Há um livro maravilhoso de Kim France & Andrea L., editora e diretora de criação da revista *Lucky*, intitulado *The Lucky Shopping Manual*. É ótimo porque diz e, mais importante ainda, mostra às mulheres, como se vestir melhor de acordo com suas características físicas particulares, que podem ser seios pequenos ou grandes, coxas grossas, nádegas pequenas, pouca cintura etc. Recomendo que você leia esse livro se precisar de ajuda para renovar o guarda-roupa valorizando seu corpo.

Como se vestir adequadamente sem gastar rios de dinheiro? Adoro a idéia da análise e da coordenação de peças do guarda-roupa que você sabe que sempre lhe caem bem.

Segundo os estilistas Jesse Garza e Joe Lupo, que dirigem a famosa Visual Therapy e trabalham para o programa da *Oprah*, tudo se resume a comprar peças boas e básicas. Eles aconselham

74 um **QUÊ** especial!

seus clientes, que incluem alguns dos homens e das mulheres que se vestem melhor em todos os Estados Unidos, a coordenar peças. As sugestões variam de pessoa para pessoa, mas sempre incluem algumas peças-chave em torno das quais todo um guarda-roupa pode ser construído. Isso poderia significar investir em um ótimo terno Armani, dois pares de sapatos caros cuidadosamente escolhidos, três ou quatro blusas ou camisas diferentes para vestir com o terno (e algumas gravatas bem escolhidas, se você for homem), uma ótima carteira e uma bolsa para a noite. Tudo o mais que você comprar se relacionará com essas peças básicas. Essa será a roupa que usará sempre que precisar parecer o melhor possível, ou quando não souber o que mais usar.

As melhores revistas de beleza: não estou falando de revistas de beleza como a *Vogue*, em que cada vestido custa dez mil dólares. As revistas americanas mais úteis para as mulheres com orçamentos apertados são *Lucky, Marie Claire, Cosmopolitan, Glamour* e *Real Simple.* Todas essas revistas lhe mostram como comprar as peças básicas e combiná-las. Quanto à beleza interna e saúde mental, nenhuma é melhor do que a revista da Oprah, *O!* Essa mulher é capaz de tirar o melhor proveito do que a vida lhe oferece!

Garza e Lupo recomendam começar esse processo "editando o guarda-roupa", o que significa dar uma boa olhada nas peças que você tem e decidir se ainda as usará e se funcionam como componentes de seu vestuário. Se não funcionarem, use essas peças em casa ou as dê a outras pessoas. O objetivo é descobrir qual é o melhor visual para você, tornar claro o seu "tipo" — a equipe do Visual Therapy diz que há quatro tipos: clássico, chique, vanguarda e boêmio. Então, encontre as peças que acentuam suas melhores características e livre-se das que remetem à "universidade" ou ao "passado". Como escolher boas peças básicas? Segundo o colunista nova-iorquino Couri Hay, isso pode ser simples como escolher um bom

Você tem a aparência adequada? **75**

jeans e uma excelente camiseta. "Então, acrescente um belo par de sapatos de saltos altos e finos ou um par de botas. Depois, talvez, um bom blazer." Ele acha que hoje o bom gosto está ao seu redor, com freqüência a preços surpreendentemente baratos. Observa que até mesmo Karl Lagerfeld, o estilista de Chanel, disse que, graças a lojas como Gap: "Não há desculpa para andar malvestido. Há Martha Stewart na Kmart, Isaac Mizrahi na Target, por isso não há desculpa para você não ter linhas limpas... Boas linhas em sua casa. A verdade é que o bom gosto está a seu redor. Você só tem de encontrá-lo." Até mesmo o próprio Lagerfeld criou recentemente uma coleção para a rede de lojas populares H&M.

Tenho de admitir que sou uma dependente do site eBay. Até agora, comprei meu carro (um Dodge Dart Swinger de 1974 por 750 dólares), cinco pares de Manolo Blahniks, seis bolsas e várias roupas ótimas no site. O melhor modo de comprar on-line é sazonalmente, depois das liquidações de designers como Dolce & Gabbana, Chanel, Prada e Valentino. Aparentemente muitas mulheres compram na primavera, no verão e no inverno e depois recuperam o dinheiro que gastaram revendendo seus tesouros mais tarde indesejados no eBay.

Em setembro de 2003, *The New York Post* descobriu no eBay um vestido Armani de dois mil dólares à venda por 299, um smoking Helmut Lang de 1.695 dólares também por menos de 300, uma bolsa Louis Vuitton de 800 dólares por 500 e botas Manolo de 800 por 295.

Pessoalmente, também adoro as liquidações de roupas utilizadas em desfiles ou mostruários, que temos a sorte de ter em toda Nova York. Certa vez, comprei um vison Dolce de oito mil dólares por 900. Fiquei sem comer durante duas semanas, mas valeu a pena! Para quem não mora em Nova York, muitas dessas peças vendidas no final da primavera e no outono podem ser encontradas no eBay.

Quando comprar ou não on-line. Os maiores designers, inclusive Prada, Dolce & Gabbana, Chanel e Diane von

Furstenburg fazem liquidações de roupas utilizadas em desfiles e mostruários no final da primavera, perto do fim de maio, e no outono, perto do fim de setembro ou outubro. Eles liquidam roupas que não venderam ou nunca foram para o mercado. Para se livrar delas e abrir espaço para as da próxima estação, vendem-nas a preços bem reduzidos, às vezes 90% mais baratos. Muitas dessas roupas não usadas chegam ao eBay. Se você não quiser comprar pela Internet, procure a melhor loja local. Depois do Natal e antes do Ano-novo, as vendas são astronômicas — e também no fim do verão. Descubra quando será a grande liquidação de sua loja favorita. Ela terá a data em seu calendário do ano. Fazendo isso, poderá comprar roupas de alta qualidade por uma fração de seu preço. Às vezes, os melhores produtos estão mais baratos do que os vendidos nas lojas de descontos locais — embora o fascínio e o valor de lugares como a Target, TJ Maxx e Loehmann's nunca deva ser subestimado.

Você não tem de morar em uma cidade grande para encontrar ótimas pechinchas em lojas vintage e que vendem em consignação. Nada como topar com uma ótima blusa Pucci por dez dólares ou encontrar um delicado casaquinho Chanel por apenas 40 dólares para a busca valer a pena!

Lembre-se também de que a loja mais cara da cidade pode se tornar a mais barata na liquidação de verão e no período entre o Natal e o Ano-novo. O bom e velho trabalho de detetive tem o seu valor quando se trata de descobrir boas peças de roupa.

Uma amiga chamada Carlota Espinosa, produtora de moda da Fox 11, em Los Angeles, deu esta dica: pergunte a alguém que conheça e esteja sempre bem-vestido onde faz suas compras e, sem dúvida, essa pessoa lhe indicará um lugar do qual você nunca ouviu falar. Uma amiga a levou a um lugar chamado Govinda's, um brechó dirigido por hare krishnas. "Você pode literalmente comprar uma pashmina por 50% do preço usual. Entrei lá e vi um

Você tem a aparência adequada? **77**

bando de estilistas e celebridades. E outra amiga me falou sobre uma sapataria bem no centro de Beverly Hills, mas não é uma loja — é um escritório, que tem sapatos italianos pela metade do preço. E há montes de coisas desse tipo, só é preciso encontrá-las."

Negocie um desconto: e se você adorar uma determinada loja, mas ela for muito cara? Se pertencer a uma família, e não a uma cadeia de lojas, conheça os donos e veja se pode trocar um serviço seu, como, por exemplo, arranjos florais, por um desconto. Se for uma loja maior, pergunte se eles têm um programa de clientes preferenciais. Lembre-se de que, assim como acontece com os upgrades das companhias aéreas, em que você viaja em uma classe superior à que pagou, não conseguirá se não pedir.

O importante é conhecer, fazer todo o possível para tirar o máximo proveito de suas qualidades e se informar sobre estilos, tendências e designers. Há uma linha tênue entre estar na moda e ser escravo dela. Sugiro empregar a "equação de valor" dos gurus do estilo Garza e Lupo, que ajuda o consumidor a descobrir se a qualidade de uma peça justifica seu preço. Estará fora de moda na próxima estação? Se esse for o caso, certifique-se de que tem dinheiro para queimar, e gosta o suficiente da peça para fazer uma compra que talvez tenha de ser posta no fundo do armário em alguns meses. Caso contrário, invista em seu guarda-roupa como investiria em um portfólio de ações — procure peças que mantenham o seu valor ou até mesmo se valorizem ao longo dos anos, e que você continuará a apreciar.

Não há nada como uma pessoa que usa roupas com confiança, equilíbrio e discernimento. Não importa se você é Nicole Kidman, Anna Wintour ou uma gerente de banco, saber usar o que tem e saber escolher o que usar são componentes importantes da fórmula do sucesso.

78 um **QUÊ** especial!

5. *Cirurgia plástica*

Não sei o que isso diz sobre os tempos em que vivemos, mas nesta era de injeções de Botox e mudanças extremas, em que se aparam dedos dos pés (não unhas, dedos!) para que fiquem melhor nos sapatos, eu seria omissa se não mencionasse a cirurgia plástica como uma opção para você ficar com a aparência que deseja.

Há cirurgiões plásticos responsáveis que, por exemplo, não farão um face-lift em minha tia de Cincinnati enquanto ela não parar de fumar, ou o promissor cirurgião plástico de Nova York dr. Phillip Miller, que não aceita pacientes enquanto eles não respondem a um questionário sobre seus hábitos nutricionais, sua rotina de exercícios e o que esperam conseguir por meio da cirurgia (se o paciente quiser ficar com cara de gato ou a cara do Brad Pitt, não será aceito). Dr. Miller sabe que, embora a aparência exterior seja importante, é apenas parte de como nos sentimos em relação a nós mesmos e de como os outros nos vêem.

Há muitas histórias de cirurgias plásticas que servem de aviso, de Melanie Griffith a Courtney Love e Jennifer Grey — a estrela de *Ritmo Quente*, que cometeu o lamentável erro de dar ouvidos às pessoas que lhe diziam que, para alavancar sua carreira, teria de diminuir seu nariz. Agora, ela se parece com todas as outras pessoas e, até onde posso dizer, sua carreira não está exatamente no auge.

E há a história de Pamela Anderson, cuja carreira foi favorecida por seus implantes nos seios (afinal de contas, ela é conhecida pelo corpo de Barbie). Provavelmente, há milhares de histórias como essas, embora, se o ator ou a atriz tiver um ótimo relações-públicas que esconda permanentemente as fotos de "antes", talvez nunca as conheçamos...

Certamente, não condeno quem quer renovar a pele, aplicar Botox nas rugas entre os olhos, firmar a barriga, acertar discretamente os lóbulos das orelhas, erguer as sobrancelhas. Mas tenho de dizer que prefiro o elenco do ótimo *Sex and the City*, especialmente Sarah Jessica Parker. Ela deixou de ser a cafona de *Square Pegs* (Seriado americano da década de 1980. *N. do E.*) para se tornar um

Você tem a aparência adequada? **79**

ícone da moda com a ajuda de estilistas, maquiadores, cabeleireiros, a designer Patricia Field e sua própria incomum e inventiva autoconfiança. Não com o bisturi de um médico.

Ou veja o exemplo de Adrian Brody, astro que ganhou o Oscar por *O Pianista*, que efetivamente enfatiza o que muitos considerariam seu maior ponto fraco — o enorme nariz. O nariz não pareceu atrapalhar seu ótimo beijo em Halle Berry, para todo mundo ver!

Portanto, se você realmente decidir entrar na faca, primeiro pense sobre todos os casos que servem de aviso, especialmente os de Michael Jackson e da atriz Faye Dunaway. Se você não tiver nada contra essas imagens e ainda quiser prosseguir, informe-se bem sobre seu médico e o anestesiologista. Você não quer terminar como Olivia Goldsmith, autora de *Jovens esposas*, que morreu ao fazer uma cirurgia plástica no queixo e no pescoço. Provavelmente, não preciso dizer muito mais para você saber do que estou falando.

A principal mensagem deste capítulo é apreciar o que Deus lhe deu, e tirar o máximo proveito disso. Agora, saia e BRILHE!

Sites úteis sobre cirurgia plástica: Beth Landman, co-editora da revista *New York*, especializada em beleza e cirurgia plástica, diz: "Procure o nome de seu médico no site do conselho de medicina. Você sempre deve se certificar de que o médico é registrado no conselho e saber que há uma diferença entre cirurgiões plásticos faciais e outros especialistas em cirurgia plástica. Nos Estados Unidos, os cirurgiões faciais não são registrados no conselho como cirurgiões plásticos — são registrados como otorrinolaringologistas. Outro bom modo de checar um médico é ver se é membro da Aesthetic Society. Todos os melhores médicos são membros da American Society for Plastic Surgery e relacionados no site do grupo." (No Brasil, visite os sites dos Conselhos Regionais de Medicina e da Sociedade Brasileira de Cirurgia Plástica. *N. do E.)*

CAPÍTULO CINCO

Tenha uma boa assessoria de imprensa

Assessor de imprensa: quem está sempre atrás de mim e de meus colegas em busca de cobertura para seus clientes. Também conhecidos como filhos do demônio, guarda-portões, mestres da manipulação, deuses e deusas (quando me conseguem aquela citação perto da hora do fechamento), a perdição de minha vida e males necessários.

Parte do trabalho de um bom relações-públicas é "vestir" seus clientes, chamando um designer ou contratando um estilista para fazer isso. Se uma grande estrela usar o vestido de um designer, tanto a estrela quanto o designer sairão ganhando. A estrela parecerá bem e o designer terá publicidade. Vestir estrelas é um GRANDE negócio. Muitas pessoas foram demitidas de empresas como Prada, Calvin Klein, Versace, Valentino etc. porque não conseguiram fazer uma celebridade usar suas roupas em grandes eventos como o Oscar, o Globo de Ouro ou o MTV Music Awards. Eu nunca me esquecerei do Globo de Ouro de 2003. Tentei animar uma inconsolável assessora de imprensa que trabalhava para um grande designer e não conseguira encontrar ninguém para vestir. Ela estava preocupada com o seu emprego. De-

Tenha uma boa assessoria de imprensa 81

veria estar — era esse o seu trabalho: fazer as celebridades usarem as roupas do designer!

Se uma grande estrela usa diamantes Harry Winston e um vestido Dior ao andar sobre o tapete vermelho, as chances são de que a mulher de mãos dadas com ela seja sua assessora de imprensa. Não pense que, quando a capa da nova *Vanity Fair* exibe a foto de um jovem e belo ator ou de uma atriz de quem você quase não — ou nunca — ouviu falar, essa capa foi feita apenas porque um editor da revista disse: "Humm. Gosto desse jovem astro e tenho um pressentimento de que dará uma ótima capa para nós!" Isso seria tanta ingenuidade quanto acreditar que um astro poderia nascer sentado no balcão de refrigerantes da cadeia de restaurantes Schwab's. No mundo do entretenimento, muito pouco acontece em termos de cobertura da mídia sem que um assessor de imprensa não esteja de algum modo envolvido. As grandes agências de RP que representam os maiores astros impingem um cliente junto com outro. Quer uma entrevista com Tom Cruise? Está bem, então faça uma também com a Fulana. Quer que lhe consiga uma entrevista exclusiva com Harrison Ford (um astro que, por sinal, quase nunca dá entrevistas)... Bem, primeiro terá de pôr Kate Hudson na capa da revista. "Isso aconteceu naturalmente" não é uma frase que comumente se aplica ao modo como os grandes astros alcançam a fama. Sim, é verdade que a maioria deles tem alguma coisa, ou uma combinação de várias coisas, que os mantém no topo. Mas como chegaram lá? Acredite em mim, não foi acidentalmente.

O trabalho de relações públicas, também conhecido como assessoria de imprensa, é um ótimo negócio. Controla como estúdios de cinema, redes de tevê, astros de cinema e televisão, músicos, autores e até mesmo corporações e políticos interagem com a mídia e o público. As imagens que você vê são, em grande parte, preparadas por relações-públicas e interpretadas por aqueles de nós que trabalham para jornais, revistas, tevê, rádio e, cada vez mais, na Internet. Mordo a isca e engulo tudo o que um assessor de imprensa me oferece? Raramente, e só se conheço a pessoa e confio nela.

82 um QUÊ especial!

Sei diferenciar um assessor de imprensa que sabe do que preciso, em quem posso confiar, daquele que fará qualquer coisa para conseguir uma nota para seu cliente, sem respeito por mim ou pela minha posição? Ah... sim. Como posso saber? Instintos, aguçados pela dura experiência. Minhas notas favoritas são sempre aquelas que cavo sozinha, testemunho com meus próprios olhos e obtenho de fonte limpa. Ainda assim, não há como negar que os assessores de imprensa estão por trás de muitas das melhores histórias do mundo dos espetáculos (ajudando a criá-las ou deixando repórteres como eu descobri-las), e que são fontes valiosas de informações não só sobre seus clientes, como também — se forem bons — sobre a indústria como um todo. O trabalho de relações públicas basicamente tem tudo a ver com marketing. No caso de um ator ou uma atriz de cinema, diz respeito a fazer as pessoas prestarem atenção ao filme ou à atuação, mas também a empurrar um produto, uma marca, para que, da próxima vez, o público diga: "Ah, é um filme das gêmeas Olsen. Quero ver." Ou: "É um filme da Angelina Jolie. Tenho de ir." Ou ainda: "É um filme dos irmãos Cohen, e eu vi todos desde *Arizona Nunca Mais*".

O marketing também funciona com a colocação do produto, como quando a Nokia pagou milhões de dólares para ter seus telefones mostrados no filme *As Panteras*. Um ótimo marketing pode fazer as pessoas dizerem: "Preciso de hidratante labial, e todos usam Carmex" ou "Os jeans Earl são os *melhores!*" Você me entende.

O seriado *Friends* é outro exemplo. O elenco realmente tinha algo em mente quando decidiu se unir, dentro e fora do set. Eles promoveram o programa via DVDs, livros e outros meios. Tornaram *Friends* não apenas um programa de televisão, como também um fenômeno cultural quase impossível de evitar.

Hoje isso pode ser visto em quase todos os negócios. Veja a Starbucks, ou a contratação por parte da Target de designers "descolados" como Isaac Mizrahi e Cynthia Rowley. Ou o modo como o telefone celular da moda muda de um Nokia para um

Motorola e assim por diante, dependendo de quem está usando uma determinada marca. (E se você acha que a maioria das celebridades que divulga essa marca não ganha um telefone da empresa como um modo de ela se tornar "indispensável", tenho algo a lhe dizer.) Esse tipo de promoção de "marca" é amplamente usado hoje — Lizzie Grubman sabia disso desde o início, chegando a afirmar que "as relações públicas" tradicionais "morreram". Seja Martha Stewart, Victoria's Secret, Newman's Own ou HBO, o branding é enorme.

Como tudo isso se aplica a você se deseja criar o seu negócio, a si mesmo, como uma marca? Como fazer as regras dos grandes relações-públicas funcionarem para você?

O carma pode ser algo desagradável, mas também pode fazer você se tornar manchete. As pessoas estarão sinceramente interessadas em você e dispostas a apoiá-lo se você as tratar bem. Além disso, amortecerão sua queda se você tropeçar no meio do caminho.

Nas palavras imortais de Couri Hay, o trabalho de relações públicas é, em sua forma mais simples, "uma boa propaganda boca a boca. Resume-se a seus amigos, professores e familiares falarem bem de você... Então, talvez o jornal de sua cidade o note porque é a melhor chefe de torcida, ou zagueiro — em geral, há boa propaganda quando você faz algo bem e é o melhor em alguma atividade". Portanto, se fizer algo bem para uma pessoa, ela dirá isso a seus amigos, que o passarão adiante. Ou, às vezes, isso apenas advém de um ótimo trabalho de divulgação!

Qual é a melhor coisa que você pode fazer por si mesmo em termos de criar burburinho, obter cobertura da mídia para si mesmo, seu negócio ou seu produto — obter um bom relações-públicas? Couri explica: "Seja no basquete ou no softball — fazendo o melhor brownie, as melhores decorações para festas ou levantando fundos para a ópera ou orquestra sinfônica —, concentre-se

84 um **QUÊ** especial!

no que faz e o faça bem. Depois, preocupe-se com o fato de Page Six, Liz Smith ou o colunista social local estarem ou não prestando atenção a você."

Steven Gaines, editor de ihamptons.com, observa simplesmente: "A publicidade é a chave para o sucesso." Depois de fazer algo realmente bem e se tornar um mestre em seu negócio, você precisa ser um bom vendedor! Se não souber divulgar a si mesmo ou seus produtos, e puder pagar, contrate um especialista para fazer isso.

Um bom relações-públicas sabe que a publicidade é uma via de mão dupla. Não só você tem de desejá-la, como as pessoas têm de desejar prestar atenção nela. As pessoas querem acreditar em certas lendas urbanas e em contos de fadas, em como os grandes astros foram "descobertos", porque é muito "americano" imaginar que o sonho americano se aplica a Hollywood. O maior mito de Hollywood é: "Ah, eu estava andando pela rua e Steven Spielberg me parou e disse: 'Você é perfeito para ...' E me pôs em seu filme." Não é assim que acontece — é assim que dizem que acontece. As pessoas adoram esses tipos de histórias, e as assimilam. Elas desejam achar que, se passarem duas semanas em Los Angeles, Tom Cruise as porá em seu próximo filme porque andaram no mesmo ônibus. Nada acontece assim. E não só porque Tom Cruise não costuma mais andar de ônibus!

Um exemplo de como um ótimo e longo planejamento nos bastidores ajuda a "criar" um sucesso da noite para o dia pode ser o caso do célebre mágico David Blaine. O grande relações-públicas Dan Klores foi apresentado a Blaine no escritório do agente de talentos Johnny Podell, na ICM, em Nova York. Blaine havia feito um vídeo em preto-e-branco de si mesmo nas ruas de Nova York fazendo truques de mágica. A maioria dos truques era com cartas, mas havia um certo envolvimento "mental". Sempre que ele lia a mente de alguém ou pegava a carta certa de sua mão, as pessoas iam ao delírio, diziam "ohh" e pediam para ser as próximas. Blaine, então, se virou para Klores (que, a propósito, vira tudo aquilo e raramente se deixa seduzir por novos talentos) e o impressionou ainda mais com uma série de truques de cartas perfeitos. Klores percebeu que Blaine era realmente bom e traçou um plano para torná-lo famoso. A primeira providência? Prepará-lo. Dar-lhe uma história: "Você é meio porto-riquenho, meio judeu. É esse gênio", disse-lhe. Klores começou a pensar em como trabalhar o grupo étnico de Blaine com o público e vender a imagem dele como um judeu porto-riquenho. O próximo passo? Torná-lo conhecido. Então, ele o levou ao escritório de Kurt Andersen, na época editor da sempre influente revista *New Yorker*. Klores se lembra de que era uma tarde de sexta-feira e um grupo de editores e redatores estava reunido na sala. Ele lhes havia dito que levaria um homem surpreendente chamado David Blaine, mas não adiantara mais nada. (Eles confiavam em Dan, porque já tinha credibilidade junto à imprensa.) Blaine fez uma série de truques para o grupo. Segundo Klores, "eles ficaram impressionados". O resultado? A primeira matéria sobre David Blaine na revista *New Yorker*. Logo foi seguida de artigos elogiosos no *The New York Post* e no *Daily News*, e em inúmeros outros lugares. O empresário do showbizz Jimmy Nederland viu e começou a financiar e administrar a carreira de Blaine.

O próprio Blaine aprendeu rápido e tratou de se relacionar com astros como Leonardo DiCaprio, o que lhe deu grande publicidade. Também conseguiu ser citado na imprensa por ter questionado as habilidades de David Copperfield como mágico. Ele definitivamente soube como trabalhar nisso.

Logo após criticar Copperfield na imprensa, Blaine começou a orquestrar grandes proezas, como passar dois dias dentro de um bloco de gelo em Times Square, usando apenas shorts. A proeza em si pode não ter sido exatamente a mais dramática ou emocionante (na verdade, a única emoção foi quando a namorada de Blaine tropeçou em sua sonda), mas aquilo levou seu nome para os jornais e sua imagem para a tevê.

E foi assim que david blaine se tornou DAVID BLAINE.

Outra história de sucesso de RP? Aimster.com. No começo, o Aimster era apenas um site de troca de arquivos, estreando como inúmeros outros. Matthew Rich diz que, para fazer o site se sobressair, seguiu a regra de vendas mais bem-sucedida ao longo do

86 um **QUÊ** especial!

tempo: sexo vende. O fundador tinha uma filha chamada Amy, que deu nome ao site: e Rich relembra: "Nós a anunciamos como co-criadora do site: 'a garota do Aimster'. Fizemos uma transformação... Nós a tornamos muito sexy. Fomos até onde eu senti que seria responsável ir com uma garota de 16 anos, embora o pai tivesse dito: 'Vá em frente, vá em frente'. Comecei a levá-la para festas e a fiz ser fotografada com o ator Heath Ledger na pré-estréia de *Coração de Cavaleiro*. Amy esteve na festa do aniversário de 70 anos de Gorbachev e ele disse: 'Ah, minha neta conhece o seu site!' Pusemos no site fotos dela com Gorbachev... Amy era bastante popular!"

Rich lembra que, na época, o Napster despertava a fúria da indústria fonográfica devido à violação de direitos autorais e, por isso, o Aimster foi posicionado, junto a seu anjo, como um bom Napster (não para pessoas preguiçosas que queriam lesar a indústria fonográfica). Seguiram-se matérias em todos os jornais do país. A missão estava cumprida. (A bem da verdade, mais tarde o Aimster saiu do negócio, mas, graças ao ótimo RP, teve seu lugar ao sol!)

Qual é a moral da história? Quando você tiver o seu "produto", descubra como vendê-lo e aproveite todas as oportunidades possíveis de propaganda boca a boca. Seja criativo. Não tema usar seus contatos. Dedique-se à causa!

Além disso, é essencial que você se informe sobre sua cidade natal. Para estar no lugar certo no momento certo, tem de ser capaz de entrar pela porta.

Tudo tem a ver com o caderno de programas de seu jornal local. Você sabe, aquele caderno enfadonho que o deixa confuso, com muitos eventos, filmes e restaurantes. Esse caderno pode ser a chave para o seu sucesso, porque contém as estréias e contatos que você procura.

Dina Wise, diretora de eventos da Miramax Films, oferece um sábio conselho sobre se tornar conhecido em todos os lugares certos. Digamos que você queira começar a ser visto nos clubes ou restaurantes da moda, mas ache que não poderia fazer isso sem a ajuda de alguém. Nas horas sem movimento, talvez no início da tarde ou no final da noite, vá até lá e se apresente aos porteiros, aos seguranças e ao maître; conheça-os. Em seguida deixe as pessoas boquiabertas ao ser conduzido para dentro.

Segundo Jillian Kogan, produtora da MTV, em Los Angeles "as pessoas sabem como entrar em todas as festas — as da Motorola, de lançamento de revistas, da *Vanity Fair*, dos Oscars. É preciso conhecer os assessores de imprensa, porque eles controlam as listas". Se você não tem muitos contatos e vive em uma cidade grande como Nova York, Los Angeles, Chicago etc., informe-se. Se vir uma festa no jornal, descubra se há uma empresa de publicidade organizando-a. Telefone para saber se pode trocar favores com eles para entrar. Não me refiro a favores sexuais. O que quero dizer é que todos precisam de alguma coisa que os ajude em suas vidas. Talvez você trabalhe em um escritório de advocacia — será que eles não precisam de alguns conselhos legais? Ou tenha uma loja de flores, e todos sempre precisam de flores em uma festa ou no escritório...

Se você vive em uma cidade pequena, seja amigável com o editor da programação local do jornal ou o colunista social, e veja se pode lhe dar uma idéia dos eventos que lhe proporcionariam bons contatos. Washington, D.C., é uma cidade grande, mas, de muitos modos, é uma cidade pequena, pelo menos quando se trata de redes sociais. Descubra quais são as grandes empresas de RP e seus clientes. Se, digamos, você estiver abrindo uma padaria em Georgetown, ofereça-se para doar alguns de seus produtos para o próximo grande evento a ser realizado em troca de ir e distribuir seu cartão. Se você é um designer de roupas que acabou de lançar uma nova coleção, descubra quem faz RP de moda. Se não o puder contratar, veja se há como, em troca de lhe oferecer gratuitamente algumas peças de sua coleção, conseguir para você cobertura da imprensa.

Como ser o seu melhor relações-públicas:

1. Sempre — e quero dizer, todas as vezes em que **você** sair de casa — esforce-se o máximo possível e aja apropriadamente.

88 um QUÊ especial!

2. Reserve um tempo todos os dias para fazer o marketing de si mesmo e de sua empresa. É bem provável que isso dobre a sua carga de trabalho, mas valerá a pena.
3. Descubra quais são os editores, repórteres e freelancers que "cobrem" a sua área de atuação.
4. Faça seu próprio kit de marketing, com uma foto sua e de seu produto, informações sobre sua empresa e clippings da imprensa, se tiver algum.
5. Crie a trama de sua própria história, e a venda.
6. Decore o próximo capítulo, na imprensa.

Esse é um princípio que pode funcionar em qualquer lugar. Em Maplewood, New Jersey, a proprietária do cibercafé Net Nomads sabe, por experiência própria em Wall Street, que é preciso dar para receber. Quando, por exemplo, a escola de ensino fundamental local está procurando um lugar para imprimir sua circular, ela se oferece para fazer isso com um bom desconto, na esperança de que seu nome seja divulgado e, no futuro, outros a procurem porque ouviram falar que é ótimo fazer negócios com ela. Ou, se você quiser ser como a sra. Fields e sua própria linha de bolinhos, disponível no mercado norte-americano, asse uma grande fornalha e as envie para a mídia local (na embalagem certa, por favor — hoje em dia, se alguém recebe algo em um prato para torta coberto com papel alumínio leva direto para a lixeira). Ofereça-se para fornecer sobremesas para um evento beneficente local — qualquer coisa, para que as pessoas comecem a comer, comentar e, em última análise, comprar.

Isso nos leva à próxima maneira de proceder: cultive relacionamentos!

Hollis Gillespie é atualmente uma escritora de humor da *Creative Loafing*, em Atlanta. Não faz muito tempo era uma comissária de bordo que só sonhava em ser uma escritora de humor. Porém, quando ela conheceu a mestra das relações públicas de Atlanta, Liz Lapidis, esta se tornou o seu trunfo. Segundo Liz, "após o 11 de Setembro, Hollis entrou em meu escritório, se sentou e disse: "Não quero mais voar — você tem de me ajudar." Liz aceitou o desafio, colocou-a em contato com a National Public Radio e lhe forneceu alguns outros nomes de pessoas que poderiam se interessar por seus escritos. Não demorou muito para ela acabar na NPR. Um editor ouviu e adorou. Ele lhe ofereceu uma alta soma por um contrato para dois livros. Hollis estava no caminho certo. Onde estaríamos sem os nossos amigos?

Os paparazzi são nossos camaradas: inúmeras vezes, vi fotógrafos freelances agindo como RP para pessoas de quem gostavam. Eles tiram fotos (geralmente, de uma mulher bonita) e persuadem os editores de fotografia com quem trabalham a usá-las — e isso funciona! Foi assim que Lola Pagnani teve o seu momento de fama em Nova York, em 2001. Modelo de nus e, às vezes, atriz em sua terra natal, a Itália, Pagnani estivera antes em Nova York tentando "entrar em cena". Mas, no verão de 2002, ela teve a sorte de se tornar amiga de Aubrey Reuben, diretor de uma escola secundária transformado em fotógrafo de celebridades que tinha uma queda por teatro (e, como se soube depois, por garotas nuas). Lola, com seios excepcionalmente fartos e um nariz inigualável, foi fotografada por Reuben em uma festa. Os dois tiveram um envolvimento romântico e Reuben fez uma cuidadosa campanha para que Lola fosse mostrada no *The New York Post*. Ele foi bem-sucedido e, logo depois e por mais de três meses, a querida Lola estava em todos os jornais de Manhattan e recebia dezenas de telefonemas de produtores de Hollywood ansiosos por lhe oferecer papéis. Mas, antes que Lola pudesse tirar vantagem de sua grande chance, cometeu um erro mortal: rompeu com Reuben para sair com um redator do *The New York Times*, que deixou de ser seu amigo um mês após escrever uma matéria sobre ela. Lola queimou seu filme e, infelizmente, seu "quê" se dissipou quase tão rapidamente quanto surgiu.

90   um QUÊ especial!

Ou veja o que a guru de RP Lizzie Grubman fez pela atriz Tara Reid... Até 1998, a maior pretensão de Tara Reid à fama tinha sido uma fala no filme dos irmãos Coen, *O Grande Lebowski*. Antes disso, atuara durante anos em novelas de pouca importância e no seriado *Head of the Class*. Uma amiga de Lizzie a apresentou a Tara, e atribui a Lizzie todo o sucesso que a atriz acabou alcançando. Ela relembra: "Lizzie levava Tara a todas as suas festas e dizia em alto e bom som, 'Ah, meu Deus! Aquela é a garota de *O Grande Lebowski*!', ou apenas procurava os fotógrafos e lhes dizia para tirarem fotos de Tara 'porque ela atuara em *O Grande Lebowski* e seria MUITO famosa!'" Em seguida, Grubman persuadia os fotógrafos e editores de fotografia dos principais jornais de Nova York a usar as fotos de Tara. Talvez aquela não tivesse sido a campanha publicitária mais sofisticada, mas deu certo! (Mais tarde, Tara descartou Lizzie e contratou outra grande empresa de RP, e provavelmente esse é o motivo pelo qual está tendo tantos problemas atualmente.)

Lizzie usa um truque que você também pode usar. Empenhe-se ao máximo para fazer favores às pessoas, porque, assim, alguém sempre lhe deverá um.

Eis um exemplo de como isso funciona: o assessor de imprensa A conhece o caça-talentos do programa *Good Morning America*. Diane Sawyer realmente quer o cliente mais importante de A, e o caça-talentos telefona para A, que cuida disso. Dois meses depois, a cliente menos conhecida de A, uma cantora iniciante, precisa desesperadamente de um pouco de divulgação. Então, A intervém a seu favor e *voilá*! Miraculosamente, Diane Sawyer entrevista a cantora no talk show.

RP tem muito a ver com contatos. Veja o caso do ator Matthew McConaughey.

Em 1994, Matthew McConaughey enfrentava a obscuridade. O belo e remotamente talentoso jovem ator havia atuado em vários papéis menores e, certa vez, teve a sorte de conseguir um papel em *Jovens Loucos & Rebeldes*, um cult clássico de Richard Linklater. Ainda assim, a "grande chance" não veio.

Porém, cerca de um ano depois, ele conseguiu atrair a atenção de Pat Kingsley, freqüentemente descrita como a mão-de-ferro da publicidade. Imponente em seu 1,55 metro de altura, Kingsley é uma presença constante em todas as pré-estréias e cerimônias de premiação, conduzindo incansavelmente seus astros entre jornalistas e fãs, decidindo pessoalmente quem terá acesso a eles. Pat se tornou uma das mulheres mais poderosas de Hollywood ao aperfeiçoar a arte de controlar a imprensa. Ela fazia uma lista de clientes poderosos e, por meio de intimidação ou "blecautes", isto é, recusando a certos repórteres ou publicações acesso aos seus clientes devido a matérias negativas que haviam feito, controlava totalmente o acesso da mídia à sua lista, que incluía Jodie Foster e Al Pacino. (Foi amplamente creditada a Pat a transformação de Tom Cruise no que é hoje, mas Cruise a deixou em 2004 para que sua irmã, LeeAnn Devett, cientologista como ele, cuidasse de sua carreira.) Você sempre atende quando Pat Kingsley telefona e nunca desejará aborrecê-la.

"Conheci Matthew por meio de sua empresária", disse Pat. "Não me lembro o nome, mas na época também trabalhávamos com outros clientes dela." Não que Matthew fosse um cliente fácil. No começo, ele não entendia que as relações públicas eram importantes. "Eu tinha de caçar Matthew", disse Pat rindo. Embora alguns em Hollywood atribuam a Pat contatos que lhe proporcionaram testes e acabaram resultando em seu grande papel em *Tempo de Matar*, ela nega. "Esse não era o meu trabalho", afirmou.

Mas fazer Matthew atrair atenções e a imprensa, como um novo ator, *era* o trabalho dela — e ela o fez muito bem. Em meados de 1996, antes de Matthew ao menos ter feito um papel importante, ela o tornou capa da *Vanity Fair*. Essa foi realmente uma jogada arriscada por parte do editor da revista, Graydon Carter, porque McConaughey era um desconhecido na época. Depois dessa, vieram outras capas de revistas e inúmeras entrevistas e reportagens de destaque. Alguns podem dizer que o talento de McConaughey é limitado, mas, sem dúvida, hoje ele é um astro altamente valorizado. Esse é o poder das RP bem-feitas.

92 um QUÊ especial!

A história de Molly Sims, antes desconhecida, também é instrutiva. Em 1998, ela era apenas mais uma modelo de Wonderbra com seios fartos e um sorriso deslumbrante. No entanto, conheceu Lewis Kay, um executivo de relações públicas da Bragman Nyman Cafarelli. Logo, Lewis também foi arregimentado para fazer um pouco de trabalho de RP para sua nova amiga. Molly é esperta em relação a essas coisas. Conhece as primeiras duas regras de ser modelo: 1) se você não se casar com um homem rico, estará ferrada; 2) sua carreira terminará por volta dos trinta anos. Molly sabia que nenhuma quantidade de Botox seria suficiente para fazer o relógio voltar para trás quando ela atingisse uma certa idade, por isso teria de começar a fazer alguma outra coisa.

Logo após os dois se unirem, outra cliente de Lewis, Rebecca Romijn-Stamos, decidiu deixar o seu trabalho de apresentadora de *House of Style*, da MTV, e seguir a carreira de atriz. Aposto que você pode adivinhar o que aconteceu depois — Molly ficou com o trabalho da MTV, graças aos contatos e à influência de Lewis. Logo se tornou popular e, três anos e uma capa em trajes de banho para *Sports Illustrated* depois, Molly ficou tão famosa que podia ser a atração principal em qualquer evento, sempre bombardeada por fotógrafos. Infelizmente, Lewis deixou Molly quando sentiu que a fama lhe subira à cabeça e ela se tornara muito exigente. E, sem a orientação de Lewis, sua carreira parece ter tropeçado.

Muitas carreiras foram criadas (ou destruídas) por um bem planejado e oportuno golpe publicitário. O golpe publicitário pode ser algo como as apresentações bizarras e masoquistas do mágico David Blaine ou algo mais sutil — local, seguindo as linhas do que Liz Lapidis preparou para uma de suas clientes, uma fabricante de queijos. "Certa vez, fizemos uma coisa realmente engraçada", disse-me. "Nossa cliente organiza um curso noturno sobre queijos em Woodfire Grill. Então, para o 1º de Abril, divulgamos o release 'Woodfire Grill Corta o Queijo: explorando a arte do queijo processado, servido com uma taça de vinho. Para mais informações, entre em contato com Jenny Jenny em 867-5309.'" O número do telefone era o mesmo mencionado em uma famosa canção dos anos 1990. Lapidis observou: "Fiquei exultante com todas as pe-

Tenha uma boa assessoria de imprensa **93**

quenas colunas de fofocas — foi engraçado, uma daquelas coisas que causam burburinho. Às vezes, essas são as melhores ações."

Acredite ou não, muitos golpes publicitários em Hollywood surgem na forma de notícias falsas sobre relacionamentos românticos. Alguns relações-públicas recorrem a isso para atrair atenção para seus clientes. Você já notou que sempre que Penélope Cruz atua em um filme há uma "notícia" de que ela está namorando o ator principal? Isso aconteceu com Nicolas Cage em *O Capitão Corelli* — os boatos fizeram um filme péssimo se tornar um sucesso. Depois, ela "namorou" Matt Damon, seu co-astro em *Espírito Selvagem*, pelo menos até finalmente ter um romance com Tom Cruise em *Vanilla Sky*. Na época em que escrevo, ela está com seu co-astro em *Sahara*. Humm.

Jennifer Lopez (ou seus manipuladores) também é conhecida por jogar o jogo do relacionamento falso, um truque tomado emprestado da Hollywood de eras passadas. Em 2002, quando ela ainda estava casada (ainda que por pouco tempo) com o dançarino Chris Judd, teve um "caso" com Ben Affleck. Isso funcionou de dois modos — acabou com o seu casamento de seis meses (dizem que ela pagou a Judd mais de 15 milhões de dólares para liberá-la) e divulgou os dois filmes que ela estava fazendo com Affleck, aqueles trechos inesquecíveis da história do celulóide: *Gigli* e *Menina dos Olhos*. Contudo, entre esses, ela fez também um filme com Ralph Fiennes, *Encontro de Amor*. Você não sabia disso? Recebi um telefonema de alguém envolvido nesse filme me contando que ela e Fiennes estavam "se agarrando". Um dia depois, os paparazzi fotografaram os dois juntos se abraçando e se beijando, depois de uma oportuna informação confidencial dada pelo telefone. Ou, mais exatamente, flagraram Lopez abraçando e beijando Fiennes, que parecia claramente desconfortável, já que estava envolvido em um longo relacionamento com Francesca Annis. Dias depois, Lopez "voltou" com Affleck. Fiennes ficou tão aborrecido com todo o episódio que se recusou a ir à pré-estréia, chegando a declarar que o vazamento do suposto caso "não foi orgânico". Pelo que sei, ele ainda não voltou a falar com Lopez.

94 um QUÊ especial!

Nesse meio-tempo, apenas alguns dias depois, no trigésimo quarto aniversário de Lopez, nós, da Page Six, recebemos um telefonema alertando sobre uma "oportunidade de fotos". Disseram-nos que Lopez, a irmã, a mãe e alguns amigos íntimos jantariam no restaurante da moda de Nova York, The Park, comemorando junto com Affleck. À vista de todos, Affleck deu a Lopez um bracelete de diamantes de 200 mil dólares e um longo beijo, registrado para a posteridade pelos fotógrafos presentes. Quando a revista *People* deu muito espaço para o evento "espontâneo", diversos leitores enviaram cartas dizendo que suspeitavam de que o incidente havia sido encenado. Bem, talvez isso não fosse um golpe publicitário. Ainda assim, Lopez definitivamente o explorou o máximo que pôde!

O sanduíche da fama: quando duas pessoas não tão famosas fazem uma famosa. Às vezes, quando dois astros não tão famosos se unem, criam a força que os leva adiante. Como diz meu colega Chris Wilson: "Quando dois astros se unem, não há uma soma da fama, há uma multiplicação da fama." Veja Ashton Kutcher e Demi Moore, Brad Pitt e Jennifer Aniston, a antiga Bennifer (Ben Affleck e Jennifer Lopez), Jessica Simpson e Nick Lachey... você sabe o que eu quero dizer. Às vezes, uma aliança pode tornar você muito, muito mais forte.

Os golpes publicitários podem servir para tornar alguém famoso ou até mesmo pôr fim a controvérsias. Veja o caso de Michael Jackson e todas as fotos dele com Brooke Shields que vieram a calhar quando surgiram perguntas como: "Por que Michael não tem uma namorada?", mais ou menos na época em que ele começou a ser acusado de molestar garotos. A possibilidade de eles estarem noivos começou a circular na imprensa e os dois foram vistos aconchegados um ao outro em vários eventos importantes. Anos depois de seu muito divulgado "rompimento", Brooke reco-

Tenha uma boa assessoria de imprensa **95**

nheceu publicamente que ela e Michael nunca tinham sido íntimos, muito menos dado beijos de língua. A maioria de nós não ficou nem um pouco surpresa.

Alguns anos mais tarde, em 1993, vários meses após seu noticiado pagamento de 20 milhões de dólares a um garoto, Michael, mais uma vez, se ligou a uma mulher de boa-fé, dessa vez a filha cientologista de Elvis Presley, Lisa Marie. Houve a história do "beijo", quando Michael e Lisa Marie anunciaram seu rápido casamento, no Grammy Awards de 1994, e o selaram com um beijo um tanto desajeitado e até mesmo estranho. A audiência ficou atordoada, mas ninguém, exceto os fãs mais ardorosos de Michael (e, acredite em mim, há muitos), acreditou na autenticidade da cena. Cerca de um ano depois, os dois se divorciaram.

O estranho é que às vezes acontece exatamente o oposto, e duas pessoas que de fato estão juntas precisam fingir que não estão. Em 1999 esse foi o caso de Britney Spears e Justin Timberlake, que estavam no auge de sua popularidade. Eles namoravam secretamente havia três anos, após se conhecerem ainda pré-adolescentes se apresentando no programa *Clube do Mickey*. Os dois se apaixonaram justamente quando suas carreiras estavam decolando. Contudo, para preservar suas imagens virginais inocentes e para que permanecessem solteiros e "disponíveis" aos olhos de seus fãs, eles mantiveram aquilo confidencial. Um relações-públicas que tinha conhecimento da situação me disse que, "de repente, começaram a circular boatos de que eles estavam juntos. Foi horrível — seus fãs ficaram malucos, não gostaram nem um pouco. Especialmente quando bandas de pré-adolescentes começam, os fãs gostam de pelo menos sonhar que terão uma chance." Então, a equipe de RP de Britney se reuniu e encontrou uma solução. "Contratamos uma pessoa parecida com Justin Timberlake para acompanhar Britney a todos os lugares", disse-me o relações-públicas. "Quando ela ia a uma pré-estréia ou algo no gênero, esse ator a acompanhava e dizíamos para a imprensa: 'Estão vendo, ela não está com o Justin, é alguém PARECIDO com o Justin!' Eles acreditaram." Pelo menos por algum tempo. Em 2001, o casal admitiu que realmente estava junto. Em 2002, veio o rompimento.

96 um **QUÊ** especial!

Veja também o caso de Jessica Simpson e Nick Lachey. Na primavera de 2001, suas respectivas carreiras passavam por momentos difíceis. Eles haviam tido seu lugar ao sol, mas então tudo estava nebuloso. Subitamente, o casal de ouro rompeu. O rompimento da doce virgem e seu paciente namorado lhes rendeu muita publicidade. Em seguida os dois "reataram" logo após o 11 de Setembro, dizendo que o desastroso evento os fizera perceber que eram feitos um para o outro. Vários meses depois, foi sugerido que o rompimento tinha sido um golpe publicitário. E quanto àqueles que usam colapsos mentais ou problemas de saúde para gerar publicidade? O velho "vou fazer reabilitação, por isso me ofereça um pouco de solidariedade — e uma matéria na *People*", ou "tenho um bypass gástrico, por isso me ponha na capa de *Us*", fez reviver, pelo menos temporariamente, mais de uma carreira decadente. É triste, porém verdade!

Códigos para controle de danos: às vezes, quando um astro enfrenta dificuldades e os repórteres farejam que algo está errado, os relações-públicas tentam se livrar deles com "conversa de RP". Para ajudar você a decodificar o que dizem, eis as minhas traduções de termos que SEMPRE significam outra coisa.

"Fulano teve envenenamento alimentar." Tradução: overdose de drogas. Outros termos para overdose de drogas são desidratação, rouquidão (para os cantores) e doenças menores ou comuns (como gripe, resfriado etc.).

"Fulano só precisa descansar." Tradução: colapso mental. Outros termos para colapso mental são estresse e exaustão.

Quando um ator ou cantor quer quebrar o seu contrato deixando de fazer um filme ou uma turnê, comumente cita "compromissos anteriores". Ou pode subitamente desenvolver um problema de saúde, como Tobey Maguire foi acusado de fazer. Essa história se passou quando Tobey filmava *Alma de Herói* e decidiu que queria mais dinheiro

Tenha uma boa assessoria de imprensa   97

por *Homem-aranha 2*. Ele disse à Sony Studios que tinha machucado suas costas em *Alma de Herói* e que, se não lhe dessem mais dinheiro, não se recuperaria a tempo. A Sony o dispensou e tentou contratar Jake Gullenhaal... até Tobey se dar conta de seu erro e usar a influência de seus poderosos agentes para voltar ao *Homem-aranha* — com o aumento que desejava. Algumas pessoas em Hollywood disseram que o problema nas costas era um estratagema para conseguir um salário maior, mas as costas de Tobey estavam mesmo machucadas. Citando Ralph Fiennes, tenho certeza de que ele acha que o aumento foi "orgânico".

É claro que existe também uma tradição de golpes publicitários mais apimentados — por exemplo, há o homem que freqüentou aulas na Stanford University nu. Ele foi rapidamente apelidado de "O Homem Nu" e entrevistado por programas de TV, jornais e revistas, tudo porque detestava usar roupas (ou assim o disse).

Outro exemplo: em 1995, as balas Altoids estavam quase em desuso. A dona da marca, Kraft, uma empresa "familiar", contratou a empresa de RP Rogers & Cowan para inventar algo que impulsionasse suas vendas. O que eles apresentaram? Vamos colocar isto assim: logo depois, *Cosmopolitan* publicou uma matéria de capa com um título que era algo como "Como Chupar Melhor Seu Homem com Altoids". Naturalmente, a Kraft negou ter algo a ver com o início dessa nova tendência, mas ela se generalizou! Sem dúvida, a Kraft e a Rogers & Cowan riem o tempo todo a caminho do banco! Pode-se dizer que o golpe publicitário deu vida a uma marca fraca...

Mas tome cuidado com os golpes publicitários — o tiro pode sair pela culatra. Como no caso de George Michael, o agora malvisto pervertido do pop. Em 2002, sua carreira havia decaído quando ele produziu uma nova canção chamada *Walking the Dog*, que ridicularizava o presidente George Bush e o primeiro-Ministro inglês Tony Blair e retratava os americanos como loucos por armas. Ele continuou o seu ataque à América em todas as suas

98 um QUÊ especial!

entrevistas para a mídia, e os americanos reagiram deixando de comprar seu disco. Há uma lição nisso: nunca insulte as pessoas que está tentando conquistar!

Outro golpe publicitário que saiu pela culatra foi quando Michael Jackson (não que eu queira criticá-lo, mas vamos encarar o fato de que é difícil não fazer isso!) convocou uma coletiva e entrou em um ônibus de dois andares segurando um cartaz que dizia: TOMMY MOTTOLA É O MAL. Na época, Mottola era o presidente da Sony Records, dona do selo de Michael, Epic. Michael, aparentemente se esquecendo de que o público americano passara a associá-lo mais com um suposto molestador de crianças do que com sua música, escolheu culpar Tommy pelas péssimas vendas de seu álbum de 60 milhões de dólares, ironicamente intitulado *Invencible*.

Na coletiva, Michael acusou Tommy de racismo e disse que a indústria fonográfica é preconceituosa em relação aos artistas negros. Vários problemas com esse argumento: 1) Michael nunca pareceu se importar com nada disso, pelo menos não até sua carreira decair. 2) Michael passou a sua vida inteira tentando ser branco. 3) Essa batalha já estava sendo travada por artistas negros e brancos unidos contra o racismo, inclusive por Courtney Love e Dixie Chicks. 4) Tommy fora casado com Mariah Carey, que é birracial. 5) Tommy promoveu e construiu as carreiras de muitos artistas de todas as raças. Pense bem, Michael!!

O tiro saiu pela culatra. A imprensa notou que Jackson, que sempre pareceu ter uma fonte inesgotável de dinheiro, estava então falido e tentando evitar pagar os 200 milhões de dólares que devia à Sony. Jackson aprendeu do modo mais difícil que não devia cuspir no prato em que comeu, para não falar nas pessoas que agora temem trabalhar com ele por imaginarem que, assim como se virou contra Tommy, algum dia também poderia se virar contra elas.

Segundo a minha experiência, você sempre pega mais moscas com mel. Portanto, só parta para o ataque quando isso for absolutamente necessário!

Se você decidir que é hora de contratar seu próprio assessor de imprensa, certifique-se de que contratará alguém eficiente e com

Tenha uma boa assessoria de imprensa **99**

quem você tenha afinidade. A promotora de eventos e RP Dina Wise coloca desse modo: "Encontre alguém com uma personalidade que reflita a sua própria." Ela observa que seu relações-públicas às vezes tem de ser seu porta-voz, "antecipar cada movimento seu e, mais do que tudo, querer tanto quanto você próprio que você seja famoso".

Cinco perguntas para fazer a um relações-públicas antes de contratá-lo:

1) Que tipos de clientes você tem?
2) Qual é a sua principal área de especialização?
3) O que você pode fazer por mim especificamente?
4) O que você faria se, Deus me livre, algo realmente ruim acontecesse e eu fosse preso?
5) Eis os meus objetivos para os próximos cinco anos. Como você pode me ajudar a atingi-los? E como pode ajudar a me promover, pessoalmente?

Tenho observado que, muitas vezes, um profissional de RP não consegue se comunicar imediatamente com o cliente. Por isso, tem de usar seu próprio julgamento, falar em nome do cliente. Se você contratou um assessor de imprensa que não sabe realmente o que o faz vibrar, o que você pretende, isso pode ser uma receita para o desastre. Digamos que um colunista social tenha telefonado para dizer que você foi apanhada *em flagrante* no Motel 6 local com três membros de uma banda de rapazes. Seu assessor de imprensa, que não a conhece realmente muito bem e não consegue encontrá-la para responder, declara: "Bem, ela é livre, heterossexual e maior de idade." (Isso pode parecer incrível, mas, em meu tempo na Page Six, ouvi coisas parecidas. Não estou brincando.) O único problema é que você é uma cristã fundamentalista, e não só não deseja que seus pais pensem que isso é verdade como seus fãs ficarão escandalizados se pensarem que é. Seria muito mais construtivo se

100 um **QUÊ** especial!

seu assessor de imprensa tivesse respondido: "Isso é impossível, porque minha cliente estava participando de um estudo da Bíblia naquela noite." Mas nunca teria pensado em dar essa resposta, porque vocês mal se conhecem! Eis outro motivo para você querer um profissional de RP com quem tenha afinidade: há muitos assessores de imprensa irritantes por aí. Você realmente quer contratar um que o irritará (e irritará a mídia)?

Não tema contratar um relações-públicas que seja descarado! Há mais de uma década Denise Rich despachou seu marido bilionário inútil, Marc Rich. Ela procurava algo para fazer com os bilhões que recebera no acordo de divórcio quando descobriu sua vocação: compor canções de baixa qualidade. Então entrou em cena Bobby Zarem, a corpulenta e bombástica lenda das RP a quem é atribuído o mérito de inventar a campanha "I Love New York", na década de 1970 (nota: esse é um mérito amplamente disputado, especialmente pela agência de publicidade que também afirma ter sugerido a campanha). Um nativo da Carolina do Norte que nunca se casou, Bobby é um assessor de imprensa da antiga escola. Diferentemente da turma mais nova de RP, Zarem fala muito, tem desafetos épicos que freqüentemente parecem eclipsar a publicidade que ele gera para seus clientes e trata os empregados como escravos. (Um deles odiava tanto o patrão diabético que lhe dava regularmente café com açúcar na esperança de matá-lo.) Apesar de tudo isso, ele ainda é um assessor de imprensa muito eficaz.

O auge do poder de Zarem foi nas décadas de 1970 e 80 e no início da década de 1990, quando ele conduziu pré-estréias para a maioria dos grandes estúdios de cinema, estava diariamente com todos os diretores de estúdios e tinha nas mãos quase todos os colunistas de jornais. Depois de um ano trabalhando com Denise Rich, ela começou a ser considerada uma compositora "famosa" e uma potência no circuito beneficente. Como ele fez isso? Atormentando seus contatos na mídia, é claro.

Acredite em mim, você não sabe o que é ser atormentado até ter Bobby Zarem no seu pé. Ele telefona e passa faxes sem parar, pedindo, implorando, choramingando até você concordar em pôr

Tenha uma boa assessoria de imprensa   101

algo no jornal sobre seu cliente. Como Bobby conhece todo mundo em todos os jornais, em um ano Denise se tornou uma "compositora bem-sucedida", pelo menos no que dizia respeito aos leitores dos jornais, o que aparentemente bastou para as gravadoras começarem a lhe telefonar.

Em 2001, Denise enfrentou alguns problemas sérios de controle de danos de RP, depois que ajudou seu ex-marido a obter um perdão de Bill Clinton. Nesse ponto, ela deixou Bobby e contratou Howard Rubenstein para orientá-la.

A estrela de Bobby tem perdido o brilho desde o seu auge e, hoje, ele está semi-aposentado, embora de vez em quando reúna energia para ajudar alguns jovens e esforçados astros.

Joe Duer foi um deles. O modelo tentava se lançar na carreira de ator quando se uniu a Bobby há alguns anos. Infelizmente, na época, Bobby tinha gangrena no pé e vivia engessado e de muletas, embora conseguisse levar seu protegido Joe a várias festas por semana. Em um desses eventos ele o apresentou a Barbara Broccolli, produtora de James Bond, e conseguiu para ele o papel do belo entregador da UPS que lança um olhar desejoso para uma escassamente vestida Cameron Diaz, em *As Panteras*. Admito que Page Six publicou algo sobre Joe — que escolha tínhamos, com Bobby telefonando o tempo todo?

Está bem, está bem. Para ser totalmente sincera, Joe Duer apareceu na Page Six várias vezes. Nós não nos orgulhamos disso.

Há muitos casos de pessoas que usaram nomes de membros da família ou relações-públicas não-profissionais para obter o que queriam. Vejam o exemplo de Kathy Hilton, a mãe orgulhosa de Paris e Nicky, herdeiras da rede de hotéis Hilton. Ela se refere às filhas como "negócios da família", e é desse modo que as trata.

Durante anos, antes de as garotas serem "legais" em todos os aspectos, Kathy se esforçou para fazer suas desajeitadas filhas

102 um **QUÊ** especial!

serem convidadas para as festas certas — uma vez, por ocasião da festa do Globo de Ouro, em 2002, chegou a telefonar 35 vezes em um dia para conseguir que suas filhas menores de idade fossem à soirée. É claro que isso foi antes das infames escapadas sexuais de Paris e da estréia de seu programa no canal Fox. Voltando a 2002, Paris e Nicky eram apenas duas jovens muito bonitas e ricas que pareciam estar em todos os lugares. Mas Kathy sempre se recusou a aceitar um não como resposta e conseguiu apresentar as garotas a todos. Ela também era conhecida por levar colunistas sociais para jantar quando começavam a ficar um pouco críticos em relação ao seu produto, quero dizer, às suas filhas. Para alguns, a excentricidade das garotas — vestidas como prostitutas, dançando em cima de mesas sem usar calcinhas, se embebedando e vomitando em público, fazendo vídeos pornográficos caseiros — poderia ser aterrorizante, mas, para a orgulhosa mãe, parecia uma brilhante extensão de sua marca. Devo notar que a persistência de Kathy foi recompensada bem antes do início de *The Simple Life* (Reality show veiculado no Brasil pelo canal a cabo Fox. *N. do E.*). Naquela época, as garotas já tinham aparecido na capa da revista masculina popular *FHM*, em *Vanity Fair* e na revista inglesa *Tatler*, e também eram presenças constantes nas colunas sociais. Em julho de 2002, Paris assinou um contrato com a agência de talentos UTA e com a Ford Modeling Agency. Ela também conseguiu um papel em *Zoolander*. E, é claro, *The Simple Life*. Bobby Zarem não poderia ter feito melhor do que a boa e velha mamãe!

Há muitas outras celebridades empresariadas por suas mães, ou pelo menos com mães resolutas que "dirigem a cena", inclusive Brandy, Brittany Murphy, Melissa Joan Hart e Sarah Michelle Gellar.

Acredite ou não, Harrison Ford é um dos poucos grandes atores que nunca teve um relações-públicas. Ele prefere encaminhar a imprensa para a sua empresária, Pat McQueeney. Sean Connery e Robert Redford também contam com seus empresários ou agentes quando se trata de estratégia de imprensa, não que precisem exatamente de mais divulgação!

AVISO: A maioria de nós não tem de se preocupar com superexposição — afinal de contas, estamos apenas começando e deseja-

Tenha uma boa assessoria de imprensa 103

mos toda a atenção da mídia que pudermos obter. Mas há uma linha tênue, que às vezes até mesmo um assessor de imprensa experiente leva seu cliente a transpor.

Voltando a Matthew McConaughey, depois de um ano de capas de revistas, entrevistas, papéis em filmes etc., ele parecia estar em toda parte — não era possível evitá-lo. Adoro sorvete de pistache, mas, se você me desse um galão todos os dias, eu enjoaria. E foi isso que aconteceu com McConaughey. Depois de seu estrondoso lançamento, ele sofreu um baque. A RP foi culpada de sua superexposição. Hoje, ele é representado por Alan Nierob, que, decididamente, usa uma abordagem mais discreta com seus clientes. Por outro lado, Tom Cruise, também representado por Pat até o verão de 2004, foi descrito no venerável *The New York Times*, em 2002, como demasiadamente exposto. Anteriormente, Cruise havia sido considerado uma barbada em termos de "bilheteria" — quando abrilhantou a capa de *Vanity Fair* em fevereiro de 2002, as vendas nas bancas subiram repentinamente. Mas ele viu a influência de suas relações públicas diminuir depois de uma série de capas de *W, Entertainment Weekly, Time* e outras. Na verdade, o editor de *Entertainment Weekly* ficou tão irritado de ter de dividir o tema de sua capa com tantas outras capas que predisse que Tom teria de se esconder um pouco para acabar com aquilo. Tenho a impressão de que o excesso de disponibilidade faz as pessoas enjoarem de você (particularmente se você é Tom Cruise e, portanto, um pouco enfadonho).

Alguns dizem que a superexposição foi responsável pelo rápido declínio de Ricky Martin e por toda a especulação sobre a carreira de Britney Spears ter terminado. Durante três anos, Britney pareceu ter o mundo em suas mãos — até mesmo Madonna usou uma camiseta com o nome dela. E, contudo, seu terceiro álbum acabou vendendo menos do que seus dois primeiros, exatamente porque era impossível escapar dela.

Outro erro de publicidade é gerenciar mal uma crise de RP potencialmente danosa. Nunca entendi por que alguns assessores de imprensa reagem a eventos desse tipo sem responder (isto é, sem retornar telefonemas ou sem dizer coisa alguma). Para mim, isso significa que eles, às vezes, recebem milhares de dóla-

104 um QUÊ especial!

res por mês para negligenciar uma função básica de seu trabalho. Geralmente, isso só dá ao colunista a chance de contar um lado da história. Pelo menos nos telefonemas, diga o bom e velho "nada a declarar". Outra coisa inaceitável — tocamos nesse assunto antes — é a mentira deslavada. Robert Garlock, assessor de imprensa da PMK-HBH, a empresa de Pat Kingsley, mentiu deslavadamente no passado e, por isso, as pessoas não acreditam muito nele. Ele me disse que Uma Thurman e Ethan Hawke não estavam se separando no verão de 2003 (e estavam) e que Tom Cruise e Penelope Cruz não tinham terminado à época do Oscar de 2004 (e tinham). Então, afirmei no jornal que ele era um mentiroso. Agora, quando a Page Six tem uma história sobre um dos clientes de Robert que o próprio Robert nega, observamos, "Robert Garlock, um conhecido mentiroso, nega a história", o que coloca uma sombra de dúvida em tudo o que ele diz.

Os bons assessores de imprensa sabem como evitar isso a todo custo. Por exemplo, quando Julia Roberts e Danny Moder se casaram rapidamente em 4 de julho de 2002, a assessora de imprensa de Julia, Marcy Engelman, pode nunca ter realmente mentido quando disse ao *Daily News* que Julia não se casaria naquele fim de semana. "Ela estará nos Hamptons." Marcy não estava mentindo porque afirma que só soube do casamento um dia antes de acontecer. Quando soube, parou de atender aos telefonemas da imprensa, o que foi uma boa estratégia. Assim, não teve de confirmar, negar ou mentir.

Na Page Six, temos o que chamamos de Canto do Mentiroso — sempre que um relações-públicas mente para nós, publicamos seu nome e a falta. O Canto do Mentiroso surgiu graças ao relações-públicas de Penelope Cruz, Robert Garlock. Depois de mentir repetidamente para nós ao longo dos anos e nos custar vários furos, finalmente nos cansamos daquilo. Quando ele foi novamente apanhado em uma mentira, que nos custou o furo do rompimento de Tom

Cruise/Penelope Cruz, publicamos isto: "(...) Não que Cruz tenha ficado infeliz com o rompimento. Como salienta o colega McConaughey, 'um homem bebe, fuma e se diverte muito, e o outro é um robô.' Penélope está se divertindo muito." Foi McConaughey quem ajudou a sua nova "amiga" quando ela se feriu no set no Marrocos e a consolou quando seu pai adoeceu.

Nesse ínterim, Cruise estava ocupado divulgando seu filme *O Último Samurai*. Cruise, que celebrou o anúncio do rompimento com Cruz jantando com Will Smith no Spice Market, na noite de quinta-feira, ainda não foi ligado a outra mulher. Mas o astro não ficaria sozinho por muito tempo. Em Hollywood, especulava-se que provavelmente sua próxima companheira seria uma cientologista, porque Cruise tem dedicado mais tempo à sua fé e se cercado de colegas cientologistas.

O representante de Cruz, Robert Garlock, negou o acontecimento. Mas deve-se dar o devido desconto a tudo o que ele diz, porque já mentiu muitas vezes sobre seus clientes famosos, que incluem Cruz, Uma Thurman, Johnny Depp, Hugh Grant, Calista Flockhart e Kate Winslet. Quando Page Six telefonou para saber sobre o fim do relacionamento de Cruz/Cruise, no início de fevereiro de 2005, Garlock jurou que os dois estavam juntos e felizes. Na verdade, já tinham se separado. Antes de Cruz e Cruise ficarem juntos, Page Six disse que Cruz estava vivendo com Nicholas Cage, seu co-astro em *O Capitão Corelli*, e, mais tarde, com Matt Damon, seu co-astro em *Espírito Selvagem*. Garlock negou ambas as histórias, que eram verdadeiras. Garlock também negou nossa história de que Thurman se separara de Ethan Hawke — embora os dois estivessem realmente separados.

O representante de McConaughey, Alan Nierob, um assessor de imprensa honesto e íntegro, "se recusou a fazer comentários". Você pode crer quando eu digo que os assessores de imprensa têm sido muito mais verdadeiros

106 um QUÊ especial!

conosco desde que começamos o Canto do Mentiroso. Graças ao Robert!

Acredite em mim: quando mentem para a imprensa, ela se torna impiedosa. Aaron Mathias, um aspirante a ator, contratou o assessor de imprensa errado e descobriu isso do pior modo. Sua equipe de relações-públicas contou aos colunistas sociais de toda a cidade que Mathias estava namorando Mariah Carey, quando a) não estava e b) eles não divulgaram a história exclusivamente para uma coluna social. Felizmente para a Page Six, foram Rush & Molloy que acreditaram na mentira e publicaram a nota, o que os fez parecer tolos. Cindi Berger, a relações-públicas invariavelmente firme e honesta de Mariah, disse que a história era estúpida, e realmente era. Tenho certeza de que Rush & Molloy não ficaram satisfeitos.

Outro exemplo disso tem a ver com o casamento de Matt LeBlanc, de *Friends*. Obviamente, houve muito interesse da mídia nesse evento. Fiquei sabendo no fim de uma quinta-feira. Telefonei para Joe, o assessor de imprensa de LeBlanc, e disse: "Ei, soube que Matt vai se casar no Havaí neste fim de semana." Joe respondeu: "Eu realmente não tinha conhecimento disso. Ouvi dizer que eram Jennifer Lopez e Ben Affleck." Depois de bisbilhotar um pouco, telefonei para Joe de novo e disse: "Joe, estou escrevendo que Matt vai se casar neste fim de semana e preciso de um comentário seu. Também preciso lhe dizer que, se você mentir para mim e afirmar que ele não se casará, e ele se casar, você será mencionado na Page Six até o final dos tempos como 'Joe, um conhecido mentiroso' Agora, QUAL É O SEU COMENTÁRIO?" Ao que Joe suspirou e murmurou: "Nada a declarar." Deve-se notar que não é uma mentira. É claro que foi descoberto que Matt LeBlanc realmente se casou no Havaí naquele fim de semana.

E se alguém lhe telefonar perguntando sobre uma história que você não quer que seja divulgada? Ainda assim, não há motivos para mentir. Preciso mencionar "Bill Clinton"? Matthew Rich observa: "É melhor contar toda a verdade. Se você foi pego, foi pego. Hollywood usa essa tática há muito tempo. 'Ok, sou viciado em drogas. Sou alcoólatra. Vou me tratar. Ficarei melhor.' De certo modo, todos adoram esse tipo de história."

A verdade não só liberta, como também o poupa da raiva e da vingança da imprensa. Às vezes, se a situação é realmente terrível, apenas se retire por algum tempo. É para isso que existem resorts paradisíacos! Espere surgir uma história mais importante e, então, volte discretamente.

Como dispensar seu assessor de imprensa se, e quando, chegar a hora? Não queime seu filme. Se você sentir necessidade de mudar, seja profissional, direto e cortês. Posso lhe dar exemplos pessoais de como relações-públicas irritados tentaram (e geralmente conseguiram) se vingar; mas não farei isso, porque não quero irritá-los — e nossas conversas foram confidenciais. Lembre-se de que um tijolo ruim pode arruinar a base de sua carreira. E você não precisa de alguém que conhece todos os seus segredos contando-os para todo mundo.

Uma palavra sobre reaparecimentos e falsos começos. Digamos que você tenha gozado seus 15 minutos de fama e agora não esteja indo a lugar algum. Ou que, por mais que tente, não pareça se levantar e tomar a dianteira. Tenho um conselho para lhe dar: NÃO DESISTA. NÃO ESTARÁ TERMINADO ATÉ QUE TENHA ACABADO. E NEM MESMO ENTÃO! Falei repetidamente sobre a importância da tenacidade e da persistência. Pense em George Clooney. Ele teve 13 pilotos de tevê cancelados antes de encontrar sua mina de ouro em *Plantão Médico*. James Gandolfini trabalhou por mais de vinte anos como ator antes de conseguir o papel de Tony Soprano, que o imortalizou.

Kim Cattrall, de *Sex and the City*, é outro exemplo de quem nunca desistiu. Ela era considerada velha pelos padrões de Hollywood quando obteve o papel de Samantha. Agora lhe são oferecidos mais roteiros do que pode ler.

Não faz muito tempo as pessoas achavam que a carreira de John Travolta havia chegado ao fim. Ele estrelara *Nos Tempos da Brilhantina* e *Os Embalos de Sábado à Noite*, mas estava quase esquecido quando conseguiu seu papel em *Pulp Fiction* — um

108 um QUÊ especial!

desempenho elogiado pela crítica e que fez com que o público o colocasse novamente em um pedestal. O livro de Robert Evans, *The Kid Stays in the Picture*, é exatamente sobre esse fenômeno. À época de sua publicação, Evans não só era considerado "decadente", como também estava envolvido em um julgamento de homicídio. Então, em 2000, sua autobiografia atraiu a atenção de Graydon Carter, editor de *Vanity Fair*, que tentava se aventurar na produção de filmes e decidiu que seu primeiro projeto seria a autobiografia de Evans. Depois da pré-estréia, Robert se tornou novamente muito popular em Hollywood.

Mas talvez o maior e mais recente reaparecimento de todos tenha sido o de Liza Minnelli. Em 2000, ela estava acima do peso, deprimida, presa a uma cadeira de rodas. Segundo vários tablóides, "quase morreu" não uma mas várias vezes e teve uma encefalite viral. Mesmo então, não foi considerada digna da atenção da imprensa. Mas tudo mudou depois que Liza e David Gest se conheceram em um concerto de Michael Jackson. Eles "se apaixonaram", casaram e, mais uma vez, o nome de Liza ganhou projeção. Eu gostaria de poder dizer que eles viveram felizes para sempre.

Quando você não está em um negócio que "decola" da noite para o dia, é mais difícil. Digamos que seja um fazendeiro de gado fora de Omaha. Esse é um negócio que precisa de anos de desenvolvimento (e criação de gado), por isso a paciência é fundamental. Mas lembre-se de que sempre há o que fazer para divulgar seu nome. Na próxima feira de gado, compre um quadro para afixar anúncios, consiga que escrevam um artigo sobre você no *Farmer's Almanac* ou leiloe uma vaca premiada como recurso publicitário.

Se você é professor em Columbus, Ohio, e deseja ser eleito para o conselho da cidade, comece a comparecer a reuniões e a demonstrar eloqüência. Torne-se um voluntário em sua comunidade e seja ativo em seu sindicato. Provavelmente, você não será notado da noite para o dia, porque é preciso tempo para construir uma boa reputação. Mas, quando realmente se candidatar ao cargo, será notado e lembrado por seu trabalho e esforço.

Não se esqueça de que sempre haverá esperança, e um amanhã.

CAPÍTULO SEIS

Como a imprensa funciona e como você pode fazê-la funcionar

Este capítulo está relacionado com o anterior, mas se aprofunda mais no trabalho da imprensa. Você realmente se beneficiará com seus esforços de marketing e RP se entender como a imprensa funciona e como pode fazê-la funcionar.

"A imprensa é a água e o ar da fama e do poder", diz o colunista Couri Hay, que deve saber do que está falando. "Você não consegue se eleger ou vender um ingresso de cinema sem ela — hoje em dia, não consegue vender um bolinho sem ela. Se você está na casa dos quarenta e é o cabeleireiro local, deve querer que a imprensa lhe seja favorável."

A imprensa favorável espalhará que seu filme é brilhante, que seu livro é maravilhoso, que você oferece ótimos serviços de spa e pratos assombrosos em seu novo restaurante. Enquanto a imprensa favorável pode torná-lo bem-sucedido, a desfavorável pode destruí-lo. Pode acabar da noite para o dia com um show da Broadway, riscar o nome de uma socialite da lista de celebridades e até mesmo apressar o fim de um casamento com problemas. Não são apenas o presidente dos Estados Unidos e Martha Stewart que podem ter o seu mundo virado de cabeça para baixo pela imprensa desfavorável.

Embora o quarto poder, como um grupo, se orgulhe de sua objetividade e independência, há modos reais e concretos de usar a imprensa a seu favor. Eu lhe ensinarei esses truques.

110 um **QUÊ** especial!

1. Conheça a linha do tempo

Trabalho para um jornal diário e, na cidade de Nova York, não somos os únicos no jogo. Há vários outros jornais diários, assim como semanais. Provavelmente, temos mais do que a nossa cota de jornais na Big Apple, mas toda cidade tem publicações locais, assim como um punhado de jornais distribuídos nacionalmente, como *Wall Street Journal* e *USA Today*. Esses jornais, junto com revistas e outras publicações, consistem no que é comumente conhecido como "mídia impressa". (Falaremos sobre a tevê, o rádio e outros tipos de mídia depois.)

A maior parte da mídia impressa se encaixa nas categorias diária, semanal ou mensal, assim descritas devido aos seus prazos e à freqüência com que publicam. Se você está tentando obter divulgação, geralmente é melhor apostar nos jornais diários, porque precisam continuamente de alimento, isto é, têm uma necessidade insaciável de preencher suas páginas. Jornais semanais alternativos, como *Chicago Reader, Village Voice* e *L.A. Weekly*, também costumam ser receptivos a boas informações sobre eventos locais, produtos ou pessoas, tendendo a se interessar mais por algo novo e ainda não descoberto. É triste, porém verdade, que muitos jornais de cidades grandes só publicam uma matéria já divulgada em outro lugar. No *Post*, temos uma piada sobre a cobertura do *The New York Times* fora do Caderno A: "Só será notícia quando já tiver sido divulgada por outras mídias durante um mês." Esse é o efeito de adesão. Um jornal vê o que outro está fazendo e não quer ficar de fora, por isso cobre o mesmo território ou evento.

O efeito onda: tenha seu nome mencionado em algum lugar. Em seguida, use essa menção para pôr a sua história em uma publicação maior. Use a segunda menção para aparecer em um jornal diário local maior; depois dirija-se ao periódico mensal. Após algumas menções locais, você está pronto para

Como a imprensa funciona e como você pode fazê-la funcionar **III**

ter em vista a imprensa regional ou nacional e a televisão. A maior das ondas pode começar na menor ondulação.

Digamos que você seja um artista emergente em Cincinnati, Ohio. Finalmente, conseguiu que uma galeria de arte expusesse seu trabalho, mas não quer depender da equipe jovem e sobrecarregada da galeria (se é que há uma equipe) para que a imprensa compareça. Naturalmente, você deseja que os dois grandes jornais locais, o *Cincinnati Enquirer* e o *Cincinnati Post*, escrevam sobre a sua exposição ou cubram a estréia da exposição na galeria, mas isso é pouco realista. O mais provável é que o semanal alternativo, *City Beat*, se interesse pela exposição e envie um ávido freelancer para cobri-la. Um artigo no *Beat* começará a fazer a notícia se espalhar, e você poderá usar esse artigo para obter cobertura adicional. Envie-o para as emissoras de rádio locais, revistas que relacionam eventos, a tevê local. Mostre-lhes que essa é uma notícia que realmente merece cobertura.

Obviamente, é muito mais fácil obter cobertura da imprensa local do que da nacional. Contudo, os jornais distribuídos nacionalmente costumam tirar idéias de matérias de revistas e jornais locais, e esse é outro modo de usar a cobertura que você obteve. Faça um "kit de imprensa" com os clippings que reuniu e o envie, junto com uma carta convincente, para o repórter de seu jornal-alvo distribuído nacionalmente mais propenso a se interessar por ele. É isso que os melhores assessores de imprensa fazem — por que não adotar seus métodos experimentados e comprovados?

Uma boa carta conquistará imediatamente o leitor. Não perca muito tempo com introduções ou explicações excessivas. Vá direto ao ponto. Siga a velha regra do jornalismo: "Não enterre o lead." Na primeira parte, descreva os motivos pelos quais seu evento ou sua notícia é algo incomum e importante, que o repórter deveria cobrir. Contará com a presença de pessoas proeminentes? Serão levantados fundos para a caridade? Serão feitas revelações interessantes? O evento é controverso? Inovador? Enaltecedor? Prenda a atenção do leitor logo na primeira frase e depois conquiste-o.

112 um **QUÊ** especial!

Não enterre o lead! No *Post*, temos uma regra: se você não puder dizer qual é o tema de uma matéria até o final dos dois primeiros parágrafos (e, preferivelmente, apenas do primeiro parágrafo), não vale a pena escrevê-la. Você tem de envolver imediatamente. Ao preparar o argumento da história que quer vender, diga o que deseja de modo rápido e conciso. As pessoas ficam atentas por muito pouco tempo, e os repórteres por menos tempo ainda.

Stu Bykofsky, que escreve para o *Philadelphia Daily News*, lembra que, quando seus chefes no jornal lhe disseram que sua função seria escrever sobre celebridades da Philadelphia, ele se deu conta de que estavam lhe dizendo para "escrever sobre celebridades em uma cidade que não as tinha". Sua solução? "Eu as inventei."

Peixe grande: é bom ser um peixe grande em um lago pequeno? Sim. Mesmo se você deseja atingir um público nacional, deve começar pensando no local. Lembre-se de que os maiores arranha-céus são construídos sobre bases firmes e sólidas.

Stu criou um ótimo nicho escrevendo sobre os homens do tempo da tevê local, os atletas dos times locais e os membros do conselho da cidade. O fato é que você terá mais chances de obter um alto nível de exposição em uma cidade de porte médio ou pequeno se souber como agir. Prepare-se. Saiba que todo jornal deseja estar "por dentro", bem informado sobre a comunidade.

Como você pode se apresentar, ou apresentar o que quer que esteja promovendo, como algo digno de nota, uma descoberta que vale a pena ser feita, a coisa mais interessante que existe? Em primeiro lugar, identifique precisamente o que está tentando vender. Se você é um político local se candidatando ao conselho da cidade, como Diane Skudlarek, de North Wales, Pennsylvania, está ven-

Como a imprensa funciona e como você pode fazê-la funcionar 113

dendo sua imagem, sua credibilidade, seu trabalho ético. Diane deu uma boa e crítica olhada no espelho e percebeu que, embora achasse que se sentiria à vontade na inauguração do clube mais popular na Philadelphia, sua aparência marcante e muito moderna não era adequada para o mundo político do conservador condado de Bucks. Assim, começou a usar um penteado mais tradicional, roupas bem cortadas, sapatos de saltos mais baixos e menos maquiagem. Quando ela foi ao encontro de possíveis eleitores, tentou transmitir confiança e experiência, preferindo não enfatizar sua beleza. Embora parecer mais jovem do que você é seja uma vantagem em muitos lugares, não o é quando você está tentando ser levado a sério na política. Ela conseguiu que amigos e familiares a ajudassem a erguer cartazes, promover festas e coquetéis. Quando essa máquina começou a funcionar, Diane entrou em contato com os repórteres políticos certos da mídia local e lhes falou sobre sua plataforma política. Discorreu sobre as questões e criticou seu concorrente. E venceu, apesar de ser uma democrata em um condado profundamente republicano. Ela conseguiu muita visibilidade, para uma "novata".

Quando você decidir o que promoverá e qual será a sua apresentação, terá de se informar sobre os prazos com que a mídia impressa trabalha e como chegar às suas páginas.

Deve saber que, a partir das três ou quatro da tarde, a maioria das redações dos jornais diários está em um estado de absoluto caos. Aproximam-se do fechamento e todos tentam terminar suas matérias. Quando alguém telefona, digamos, às cinco da tarde, para noticiar algo, minha reação instintiva é desligar o telefone na cara da pessoa. Não gosto de ser rude ou ofensiva, mas a essa hora do dia meu editor está invariavelmente gritando comigo, com freqüência tenho pelo menos duas ou três matérias para terminar e minha pressão sangüínea está subindo vertiginosamente. Eu seria muito mais receptiva se você me telefonasse entre dez da manhã e uma da tarde, quando já saí de minha reunião de pauta e ainda estou pensando em mais coisas sobre as quais escrever. Se você me telefonar às quatro ou cinco da tarde, é melhor que seja para dizer que Paris Hilton entrou para um convento ou Russell Crowe e Meg

114   um **QUÊ** especial!

Ryan reataram. Caso contrário, você simplesmente não conhece meu trabalho, não sabe como negociar comigo e provavelmente não comprarei o que está vendendo. Isso também vale para a maioria de meus colegas.

Fechamento diário: nunca é demais repetir que, às cinco da tarde, os redatores estão em pânico. NÃO OS INCOMODE! De modo geral, um redator de jornal chega à redação entre dez e onze da manhã. Telefone por volta de uma da tarde, quando ele já teve tempo de relaxar, almoçar e está se sentindo curioso. Pense nisso quase como um filhote de leão no zoológico. Depois que ele dormiu, comeu e tomou banho, está pronto para um pouco de ação.

Por outro lado, nas publicações semanais o fechamento varia. Se um jornal chega às bancas às quartas-feiras, como o *New York Observer*, não telefono para esse jornal na segunda-feira, quando a equipe provavelmente está em pânico, tentando fechar a edição da semana. Em vez disso, telefono na quinta-feira, quando os editores estão começando a pensar no que cobrirão na edição da próxima semana. Descubra quando é o fechamento do jornal (pode apenas telefonar e perguntar) e aja de acordo com isso. No caso das revistas mensais, o fechamento geralmente ocorre dois, três ou até mesmo quatro meses antes da data da publicação. Isso significa que, se você está tentando colocar algo em uma dessas publicações, tem de trabalhar com antecedência e também ser criativo.

Eis como a socialite nova-iorquina Helen Lee Schifter obteve divulgação. Na década de 1990, ela conheceu e se casou com Tim Schifter, o rico dono da grife LeSportsac. Então, conseguiu trabalho em *Mademoiselle* e *Vogue*. Mas Helen queria mais do que isso, e não ser apenas a "mulher de". Queria ser uma daquelas mulheres cujas fotos embelezam as páginas das revistas de moda e estilo (como as revistas em que trabalhava). Desse modo, fez o seguinte: ela já conhecia muitos dos fotógrafos cujas fotos eram regular-

Como a imprensa funciona e como você pode fazê-la funcionar 115

mente publicadas em revistas e jornais, pessoas como Bill Cunningham, do *The New York Times,* ou Patrick McMullen. Helen é famosa por seu gosto impecável e sempre fica ótima com tudo que veste. Sempre que ela saía, tentava encontrar um fotógrafo, dançar e posar diante dele, dando-lhe uma ótima oportunidade de fotografá-la. Isso a colocou no *Times,* em *Women's Wear Daily* e em outras publicações do gênero.

Mas, para ser vista definitivamente como uma fashionista, ela deu um passo adiante. Todos os anos há duas importantes estações da moda e, portanto, duas importantes temporadas de desfiles em Nova York, na primavera e no outono. Realizados em tendas especialmente erguidas no Bryant Park, em Midtown, Manhattan, os desfiles da primavera ocorrem em setembro e os do outono, em fevereiro. Esses são grandes eventos em que todos os colunáveis vestem as suas melhores roupas e esperam conseguir um lugar na primeira fila. Em sua campanha por cobertura da mídia, Helen usou em benefício próprio seu conhecimento do fechamento das revistas. Foi ao desfile de fevereiro, em meio à neve e ao vento gelado, usando um vestido de primavera. Sabia que, alguns meses depois, quando as revistas cobrissem a moda da primavera, procurariam pessoas que usassem algo que parecesse ser dessa estação. Ela foi a cinco ou seis desfiles por dia, sempre trocando de roupa entre os desfiles para não ser fotografada duas vezes com o mesmo modelo — e aumentar as chances de ter a sua foto publicada.

O Efeito Borboleta de Helen: como uma borboleta deixando o casulo, Helen sabia que todos ficariam maravilhados com suas belas asas. Portanto, deixe seu casulo como uma bela borboleta sempre que sair pela porta da frente. Você será recompensada pelo esforço extra.

E sabem de uma coisa? Funcionou. Hoje, Helen é presença constante nas listas das mulheres mais bem-vestidas. No intervalo de apenas alguns anos, ela deixou de ser uma observadora da

116 um **QUÊ** especial!

moda, relativamente desconhecida, para ocupar uma posição de destaque simplesmente usando seu conhecimento de imprensa. Todos podem aprender lições importantes com Helen. Se você é florista, descubra quando o jornal local publicará um suplemento especial de casamentos e depois o convença a publicar uma nota sobre seus maravilhosos buquês de noivas. Se você tem uma loja de fantasias, arranje uma oportunidade de foto que possa ser usada no Halloween. Pense adiante. Planeje com antecedência. Trace uma estratégia. Prepare-se!

2. Procure a pessoa certa

Leia atentamente jornais e revistas para saber quem cobre o quê e qual repórter poderia ser mais receptivo à sua nota.

Use o bom senso. Um colunista social não é um repórter de moda. Um editor de reportagens especiais não tem nada a ver com listas de programas e eventos. Uma das coisas mais irritantes para qualquer profissional de imprensa é receber um telefonema de alguém que obviamente nunca ouviu uma palavra sobre seu trabalho, caderno ou, às vezes, todo seu jornal. Ainda assim, quer ser incluído nele.

Isso é bastante básico, porém importante. Se você é um marceneiro lançando uma nova linha de móveis, não telefone para o editor de notícias, a menos que tenha acabado de ser assaltado por três homens armados da gangue de Jesse James.

Contudo, você pode ser bem-sucedido com o caderno do jornal sobre o lar, ou talvez o de reportagens especiais, se for bastante criativo para apresentar uma trama. Por exemplo, digamos que você seja uma empreiteira que ensina mulheres a fazer serviços de encanador. Sua história poderia ser: Empreiteira Ensina Mulheres Locais a Instalar e Consertar Encanamentos. Esteja preparada para complementar sua história com um kit para a imprensa, inclusive uma biografia, uma descrição do negócio, fotos suas e de seu trabalho e clippings, se tiver.

Chris Gardner trabalha no escritório de West Coast da revista *People*. Ele salienta que os jornalistas têm grandes egos e, se você quiser ser bem-sucedido com eles, é melhor abordá-los já sabendo

Como a imprensa funciona e como você pode fazê-la funcionar **117**

claramente qual é o seu setor de atividade e o que escreveram recentemente. Chris me disse: "Vejo isso o tempo todo. As pessoas me pedem para escrever coisas e eu pergunto: 'Você ao menos sabe onde eu trabalho? Nunca escreveríamos algo assim! Por outro lado", continua ele, "se elas me dissessem: 'Ei, vi que você escreve essa coluna e tenho essa ótima história para você. Não sei se ficará interessado, mas tem a ver com o que já cobriu e poderia funcionar', esse tipo de conhecimento me convenceria muito mais rápido". Em outras palavras, se você telefona para um jornalista sem saber sobre o que ele escreve, está basicamente lhe dizendo: "Você não me conhece e eu nunca li o que você escreve, mas gostaria que me fizesse um favor." (A resposta para isso é quase sempre não.)

Chris Gardner, como muitos de nós nessa área, tem bom coração e aprecia quando as pessoas demonstram um pouco de iniciativa e sabem do que estão falando. "Adoro quando as pessoas telefonam. Escrevo essa coisinha chamada Rep Sheet, composta de assinaturas de agências/clientes. Quando as pessoas me telefonam e dizem, 'Ei, acabei de assinar com um agente. Você pode pôr isso em sua coluna?', eu sempre concordo. Elas realmente tomaram a iniciativa de me telefonar e não pediram para que outra pessoa o fizesse."

Portanto, antes de você dar aquele telefonema importante, LEIA O JORNAL OU A REVISTA EM QUE QUER SER CITADO! Descubra exatamente onde você ou sua história se encaixam, e depois VÁ À LUTA!

3. Aperfeiçoe seu modo de agir

Há algumas regras básicas para a Page Six, onde eu trabalho, que também valem para muitas outras colunas do país. Já dissemos que mentir é um pecado mortal. Mas plantar uma nota em dois lugares diferentes chega perto disso em termos do que não desejamos. Para os não-iniciados, isso ocorre quando alguém me dá uma nota e também a dá a outro colunista de um jornal diferente. Se eu decidir publicá-la e o outro colunista também, ambos pareceremos estúpidos. Os jornalistas querem e esperam exclusividade!

Aprendi isso com alguns dos melhores profissionais — inclusive Richard, meu chefe — e com duas das *grandes damas* da

118 um **QUE** especial!

fofoca, Cindy Adams e Liz Smith, do *Post*. Essas pessoas são colegas, mas também concorrentes. A maior concorrência externa do *Post* é o *New York Daily News*, que tem duas colunas de fofocas. A principal delas é escrita pelo time de marido e mulher Rush & Molloy, e a outra, na ocasião do lançamento deste livro, era escrita pelo antigo redator do *Washington Post*, Lloyd Grove (essa segunda coluna do *Daily News* tende a mudar freqüentemente de mãos). Até mesmo o *The New York Times* tem uma coluna de fofocas diária, a Boldface Names, e o muito menor *Newsday* tem a coluna de Liz Smith, publicada em vários jornais do país, além de um caderno semanal. Com tantos de nós em Nova York, a disputa pela melhor fofoca é feroz.

Durante mais de 15 anos sob as vistas de meu chefe, Richard Johnson, a Page Six se firmou como a coluna social mais competitiva e interessante, contando, em primeira mão, todas as principais fofocas posteriormente relatadas em jornais e revistas nacionais. O segredo do nosso sucesso é a exclusividade. Acredite em mim quando digo que nada nos aborrece mais do que uma fofoca que achamos que é exclusiva e depois também vemos publicada em Rush & Molloy.

Os 10 Mandamentos das Notas:

1. Não mentirás.
2. Não roubarás... as idéias dos outros.
3. Não darás a mesma nota para um jornal ou colunista concorrente.
4. Darás notas interessantes!
5. Não telefonarás no fechamento, a menos que seja o Fim do Mundo.
6. Não cobiçarás a nota do próximo, porque sempre é possível conseguir outra ainda melhor!
7. Aprende que o e-mail é uma coisa abençoada. Os malditos telefones nunca param de tocar! Faze-nos um favor enviando-nos um e-mail.

Como a imprensa funciona e como você pode fazê-la funcionar **119**

8. Aprende a reconhecer uma nota interessante lendo os artigos que o jornal atualmente publica.
9. Não divagarás nos fazendo perder nosso tempo.
10. Não dirás coisas estúpidas como: "Não acredite no que lê na imprensa." Sempre acredite na imprensa! Droga, nós é que estamos sujeitos a calúnias e padrões legais, não a senhora maluca com uma teoria da conspiração com quem você sempre conversa na rua!

Se nós achamos que uma pessoa plantou uma nota em dois lugares diferentes, ela é banida (pelo menos temporariamente, dependendo do quanto a fonte é boa) de nossa página. Ponto final. Também é inadmissível, embora sejamos todos da mesma família, dar algo à Page Six e simultaneamente a Cindy ou Liz, ou a qualquer outro caderno do *Post*. É uma perda de tempo para todos. Trabalhar em algo em que outro caderno do jornal também está trabalhando é frustrante, principalmente porque, em vez disso, poderíamos estar cavando outra história. Escolha uma pessoa e se mantenha fiel a ela, a menos que ela tenha definitivamente passado adiante sua nota.

Meu chefe, Richard, diz: "Detesto assessores de imprensa que mentem. Sempre fico assombrado com o tipo de duplicidade que acontece. Você acha que tem um furo e, então, descobre que o *Daily News* publicou a mesma nota no mesmo dia. Agora, eu me pergunto como eles a conseguiram — apenas por pura sorte? Não, foi porque algum assessor de imprensa manipulador pensou: 'Posso marcar pontos com Rush & Molloy porque sei o que a Page Six vai publicar. Sei porque eles me telefonaram e fizeram perguntas a esse respeito. Então, telefonarei para Rush & Molloy e direi: sei qual é a nota que a Page Six vai publicar. Eu a darei para vocês e ficarão me devendo um grande favor.'"

Richard ainda está aborrecido com a história do divórcio de Liza Minnelli e David Gest. Ele tinha o furo de que o estranho casal do século estava se separando e o viu miraculosamente publicado em Rush & Molloy no dia seguinte. Richard tem uma boa idéia de

120 um **QUÊ** especial!

quem contou a nossa história exclusiva para a concorrência e essa pessoa está agora em nossa lista negra.

Agora, você sabe que não deve cometer esses pecados, mas o que realmente estamos procurando? Tenha em mente que quase todo mundo aprecia um bom caráter. Você ou seu cliente podem não ser famosos, mas, se realmente tiverem algo interessante, único — até mesmo bizarro —, enfatize isso! Anna Wintor, editora da *Vogue*, obteve muita atenção da imprensa só porque raramente tira seus óculos escuros. Steven Cojocaru (agora em *Entertainment Tonight*) é uma figura e nós o adoramos por isso. Não seja entediante!

Caso em questão: Paris Hilton. Algumas pessoas podem ter se perguntado de onde diabos veio a srta. Hilton quando a mídia nacional começou a bombardeá-las com fotos da loura com roupas inadequadas, no início de 2003 e depois com histórias sobre seu vídeo amador pornográfico. E, mais recentemente, com seu incrivelmente estúpido programa de tevê, *The Simple Life*.

Na verdade, Richard escreve sobre Paris na Page Six desde que ela tinha apenas 16 anos e estreava na vida social dançando em cima de mesas de clubes sem usar calcinhas (e era fotografada). Ele ri. "Sem a Page Six sempre contando o que Paris fazia, ninguém ficaria interessado em vê-la ir para uma fazenda. Acho que Paris talvez queira mais atenção do que outras belas socialites, e ela adora posar para fotos. É difícil deixá-la escapar." Ele acrescenta: "Há pessoas engraçadas, divertidas e espertas que você acha que merecem divulgação. E outras entediantes, alpinistas sociais e vulgares, que você acha que não merecem."

Você tem algo que é sua marca registrada, um estilo ou uma atitude pessoal que o diferencie do resto das pessoas e que poderia usar para se posicionar na imprensa? Talvez seja mais fácil fazer isso em alguns lugares do que em outros, como salienta Sasha Issenberg. O próprio Sasha é um prodígio do jornalismo. Ele começou na universidade, escrevendo para *George*, a agora extinta revista política lançada por John Kennedy Jr. Depois que a *George* acabou, Sasha foi para a Philadelphia e se tornou redator da revista *Philadelphia*. Ele confirma que é muito mais fácil obter a atenção da imprensa em uma cidade do tamanho da Philadelphia do que

Como a imprensa funciona e como você pode fazê-la funcionar **121**

em Nova York. Como prova disso, cita John Bolaris, o homem do tempo da WCBS-TV de Nova York, como alguém que usou suas qualidades especiais em seu favor. Voltando a quando Bolaris trabalhava para uma emissora de televisão da Philadelphia, ele se tornou uma das personalidades mais famosas da cidade. "Era um homem solteiro que não tinha medo de ser visto em público com uma série de mulheres. Tornou-se famoso por divulgar excessivamente uma suposta tempestade do século, há alguns anos, que acabou não sendo nada. Durante uma semana, a emissora deu muito destaque a essa tempestade devastadora, que nunca se materializou. Houve aquela coisa de o John usar uma camisa de gola olímpica no ar o tempo todo. Seu diretor lhe disse para não usá-la mais. A camisa havia se tornado a cara dele, e John tomou partido dela. Em seu último dia no ar, o âncora esportivo também usou uma camisa de gola olímpica, 'em solidariedade.'"

Nesse caso você tem um homem que se tornou uma celebridade local principalmente ao cultivar a própria aparência, sem temer expressar sua personalidade, mesmo que fosse simplória. Assim, ele se destacou um pouco na multidão. Por sua vez, isso fez uma emissora maior em um mercado maior querer o seu tipo de poder de astro trabalhando para ela. A moral da história é: descubra o que você pode cultivar em si mesmo que o fará se destacar, e TRABALHE NISSO!

Prostitutas da imprensa: todos nós as conhecemos. São aquelas pessoas irritantes que farão qualquer coisa para aparecer no jornal! Há uma linha tênue entre atrair a atenção da imprensa e se prostituir para isso. Não a transponha!

4. Tudo o que nós queremos é uma boa história, como uma daquelas que a sua mãe lhe contava à noite

Você realmente ajudará um redator se lhe apresentar uma história pronta (e verídica).

Quando se tratar de uma fofoca, eis alguns conselhos do melhor especialista: Richard Johnson. Ele diz: "Uma nota é o tipo de coisa

122 um QUÊ especial!

que você contaria a seus amigos à mesa de jantar. Uma história engraçada, que provocará risos. Algo em que todos à mesa estejam interessados. Não é algo como 'a celebridade tal jantou em um restaurante'. Não há um gancho para isso. A história não leva a lugar algum. Tento explicar para os assessores de imprensa que realmente queremos histórias. Histórias têm um começo e um fim. Há algum tipo de drama envolvido. Talvez até mesmo suspense." Michael Klein, que trabalha no *Philadelphia Inquirer*, dá o seguinte conselho: "Seja esperto. Conte às pessoas coisas que elas não sabem... pequenas histórias." A população local atrai a atenção de Klein apenas "fazendo algo diferente".

É claro que, assim como dois leitores não são iguais, dois repórteres não concordarão totalmente sobre o que os irrita ou o que os faz ganhar o dia. O que alguns acham irritante? Howard Karren diz: "O maior problema das pessoas é serem incapazes de se ver como os outros as vêem. Então, telefonam querendo escrever, aparecer no jornal ou ser de algum modo reconhecidas sem ter a mínima noção de que sua história não interessa a 99,9% dos leitores." Ele diz que a visão correta é em parte instintiva: "Você tem de ser capaz de sair de si mesmo, olhar para um jornal ou uma revista e pensar: 'O que eu gostaria de ler?' Se você não se conhecesse e ouvisse essa história, ficaria interessado nela?"

Meu colega Chris Gardner, que trabalhava no *Hollywood Reporter* escrevendo principalmente sobre filmes, astros de cinema e pessoas que querem fazer filmes, agora trabalha no escritório de West Coast da revista *People*. Ele me disse que as pessoas que atraem a sua atenção, além das óbvias — as famosas —, são aquelas "que trabalharam duro para chegar lá e que talvez tenham apenas um ou dois pontos a seu favor, mas esses um ou dois pontos realmente encantam. Como, puxa vida, elas têm um ótimo gosto, escolheram papéis realmente bons... Quero saber mais e escrever sobre elas".

Estou convencida de que todos têm uma boa história. (Ou quase todos — algumas pessoas só saem de seus sofás em frente à tevê para ir ao banheiro ou à geladeira, e elas precisam viver!)

Tenho uma amiga chamada Amy Sacco. É uma loura espetacular, de 1,88m (essas mulheres realmente existem), dona das duas boates mais quentes de Manhattan, Lot 61 e Bungalow 8. É amplamente vista como a rainha da noite de Nova York. Certa ocasião, na Lot 61, depois de muitos drinques, Amy me disse como responde às entrevistas. Ela diz aos repórteres: "Sou a filha de um motorista de caminhão de New Jersey que venceu sozinha em Nova York." E tudo isso é verdade. "Só não conto a eles que meu pai era o dono do negócio!"

Amy é esperta. Sabe que todos adoram uma história de pobre que ficou rico. Vamos encarar o fato: ninguém realmente adora uma pessoa que ganhou tudo do pai. Então, Amy deu um jeito de transformar sua história em uma boa versão do sonho americano.

5. Crie sua própria trama

Seja esperto, criativo e tenha em mente quem você deseja entusiasmar.

Couri Hay sugere que um cliente comece fazendo "algo importante, algo que valha a pena. Faça algo que beneficie os outros. Acho que é isso que o faz ser notado. Seja um bom samaritano. Realize uma boa ação, esse é um ótimo modo de obter boa publicidade. Então, é claro, cuide de sua aparência — e tire sua blusa!" Brincadeira.

Mas, falando sério, Couri continua: "Apenas seja o melhor que puder e, finalmente, se você aprendeu a estar no lugar certo, no momento certo, com a roupa certa e as pessoas certas, alguém irá notar. Se sua aparência for suficientemente boa, tirarão sua foto. Aprenda a fazer uma boa citação." Isso também ajuda a dominar uma área específica de conhecimento. Seja uma pessoa bem informada sobre maquiagem, política, comida ou o que todos estão lendo na época. Prepare-se para dizer em uma ou duas frases quem você é e no que trabalha, fazendo isso parecer interessante. E, se não der certo, sempre há o velho recurso: uma coisa em troca de outra.

6. Um favor em troca de outro

Na Page Six, temos espaço para vários níveis e tipos de notícias. Há uma grande notícia principal, uma maior dupla e várias notí-

124 um QUÊespecial!

cias pequenas. Algumas vezes por semana, publicamos algo "visto", como "Robert Downey Jr. foi visto na Lacoste gastando 100 mil dólares em seu American Express", ou "Nan Kempton foi vista comendo pilhas de comida em Times Square Olive Garden". Também há as coisas "ouvidas", como "soubemos que a National Garden Society levantará fundos esta noite em Winter Garden" ou "soubemos que nossa peça favorita off-Broadway será encenada semanalmente, nas noites de sexta-feira".

Por que publicamos essas notícias? Elas são favores. Você me faz um favor e eu lhe faço outro. Por exemplo, alguém telefona e diz que viu Katie Couric almoçando com Les Moonves, o presidente da CBS. Isso logo depois de termos a informação de que o contrato de Katie Couric com a NBC está quase terminando. A pessoa que telefonou com a notícia acrescenta em um tom casual: "Ei, você tem como encaixar uma nota sobre meus novos produtos que serão vendidos na Wal-Mart a partir de maio?" Eu poderia trabalhar na nota sobre esses produtos horríveis porque a pessoa me deu a notícia sobre Katie Couric.

Mas, às vezes, uma coisa pode ser trocada por outra *ruim*. Por exemplo, pense em minha experiência com uma jovem assessora de imprensa que trabalhava em uma grande empresa de relações públicas. Vamos chamá-la de Betty. Betty e eu começamos nossos respectivos trabalhos mais ou menos na mesma época. A princípio, ela trabalhava com clientes menos famosos do mundo dos espetáculos ou contas corporativas, como a da Motorola. Como eu tinha pena de Betty, costumava publicar o que ela via e ouvia falar como um favor, sem realmente obter ou esperar nada em troca. Mas, um dia, Betty finalmente começou a representar celebridades como Nicole Kidman e Vin Diesel. Ela retribuiu os favores? Não. Em vez disso, nunca cooperava, parou de retornar os telefonemas da Page Six e até mesmo tentou me manter fora de certas festas (o que, a propósito, não conseguiu). Agora, quando tenho de falar com Betty sobre um de seus clientes, falo, mas, quanto a lhe prestar qualquer favor, ela pode se esquecer disso. A vida é longa, assim como a minha memória.

Como a imprensa funciona e como você pode fazê-la funcionar 125

7. *Use os paparazzi*

Muitas pessoas, quando ouvem a palavra "paparazzi", pensam em hordas de fotógrafos fanáticos plantados nas portas das casas de celebridades ou em explosões de flashes do lado de fora de um restaurante onde celebridades tentam, sem sucesso, ter um momento de privacidade. Isso é definitivamente algo que os paparazzi fazem, mas me refiro aqui aos fotógrafos que realmente podem ajudá-lo a pôr sua imagem no jornal.

Não é por acaso que certas atrizes, modelos e socialites são regularmente fotografadas, e isso nem sempre ocorre só porque elas são as mais belas ou as maiores estrelas. Nosso amigo em Los Angeles, Chris Gardner, da revista *People*, mencionou a atriz Brittany Murphy (Estrela de *Recém-casados*, com Ashton Kutcher, e de *Sin City. N. do E.*) como um bom exemplo de uma pessoa que usa os paparazzi em benefício próprio. "Ela comanda totalmente os paparazzi... Rindo, abraçando as pessoas e até mesmo pulando em seus braços. Esses são os tipos de fotos que os editores querem colocar nas páginas sociais de suas revistas, porque são ousadas, diferentes e malucas."

Couri Hay cita a boa e velha Paris Hilton como "o exemplo perfeito de quem aprendeu a atrair a atenção do mundo por meio de fotos. O sexo ainda vende. E o chique também. Há mulheres em Nova York, como as socialites Muffy Potter Aston ou Brooke Astor, que são chiques. Elas têm um gosto impecável... Modos impecáveis. Essa é outra maneira de ser notado. Seja gentil... Então, você poderá tirar a roupa ou se vestir realmente bem".

Além de tirar a roupa ou agir de um modo que faria sua mãe esconder o rosto de vergonha, há outras maneiras de atrair os paparazzi. Aprenda a antecipar o tipo de imagem que um fotógrafo procurará em um evento. Na primavera de 2004, houve um grande evento beneficente em Nova York chamado Dressed to Kilt, um desfile de moda escocesa. Havia muitas pessoas no local usando saias kilt comuns e parecendo escocesas, mas duas mulheres claramente se esforçaram muito para ser notadas. Elas usavam assombrosos vestidos de um magnífico tartã e ficavam sempre que possível lado a lado, especialmente quando havia uma câmera por perto.

126 um **QUÊ** especial!

Elas se destacaram e deram aos fotógrafos as imagens que eles procuravam no evento. Todos os jornais e todas as revistas têm um fotógrafo cujo trabalho é tirar fotos de eventos assim. Descubra quem são esses fotógrafos e aprenda a reconhecê-los. Eles representam uma grande oportunidade de publicidade.

8. E se algo der terrivelmente errado?

Então, você fez a sua parte, aperfeiçoou o seu modo de agir, teve a sua foto tirada e fez um redator concordar em cobrir a sua exposição em uma galeria de arte. Suas novas cestas de chocolate foram mostradas em todos os cadernos de presentes antes do Natal. Contudo, por alguma razão, o redator errou seu nome, deu o número do telefone de seu concorrente e sugeriu, por engano, que seus chocolates contêm laxantes e arsênico. O que fazer agora?

Se, ao contrário deste exemplo, o erro não for grave, tente deixar para lá. Apesar de todo o trabalho para ter algo publicado, o outro lado da moeda é que o jornal de hoje será o forro da gaiola amanhã. Se você achar que é importante informar o redator de que um erro foi cometido, tente fazer isso de um modo cortês e profissional. Não comece a gritar. Mantenha a cabeça fria. Peça para que o jornal publique uma correção, mas lembre-se de que manter a cabeça fria sempre funciona melhor do que perdê-la, e você sempre pega mais moscas com mel.

Se você tentou conversar com o redator, mas, por algum motivo, ele não foi receptivo e você realmente acha que uma correção é necessária, procure seu editor. Explique claramente o que foi publicado errado. Em seguida, peça uma correção. Se houve um erro catastrófico que afetou o seu negócio, procure um advogado. Só faça isso em último caso.

Agora, tenha confiança e consiga ser citado pela imprensa!

Desânimo de verão, melancolia de inverno: o verão é lento e o inverno não tem luz. Desse modo, alegre o seu dia e ilumine a escuridão com as suas histórias!

CAPÍTULO SETE

O poder da tevê

Ouça. Sou de Ohio. Por isso sei — quero dizer, SEI — como a televisão é importante. Quando eu era menina, nossas celebridades eram os âncoras do noticiário e as moças que faziam anúncios locais. Havia até mesmo um revendedor de carros com o nome infeliz de Tom Raper, que era popular porque fazia comerciais irritantes que entravam no ar o tempo todo, especialmente depois das transmissões de rodeios e ralis de caminhões.

Os comerciais eram mais ou menos assim: "Vá à loja de TOM RAPER e compre seus carros e trailers a preços baixos, baixos!" Ao fundo, piscavam grandes letreiros de néon com os dizeres: "Raper! Raper! Raper!" O fato de ele só ser famoso porque fazia seu próprio comercial de tevê não parecia importar; Tom nunca esperou na fila de restaurantes ou em qualquer lugar onde seus comerciais eram vistos.

Durante as férias de inverno da universidade, eu estava em um bar em Cincinnati quando ouvi um sussurro animado no meio da multidão: "Ah, meu Deus! Olha a moça dos comerciais de JCPenney! Ela está aqui! No bar!" Aquela mulher foi a estrela da noite, tratada como uma rainha (o que, em Cincinnati, significa que tomou alguns drinques de graça).

Mas não só em Cincinnati é assim. Agora, mais do que nunca, graças aos reality shows e à proliferação de canais a cabo e por satélite, qualquer um pode alcançar a fama no que parece ser uma questão de nanossegundos. Dan Klores, o renomado relações-

128 um **QUÊ** especial!

públicas que atuou nessa área não uma mas várias vezes e orquestrou pessoalmente muitas jornadas para a fama, contou-me um problema que teve recentemente com Trista Rehn, estrela de reality show. Dan foi assistir ao espetáculo da Broadway *Hairspray* e descobriu que Trista estava sentada atrás dele. Ainda parecendo chocado, Dan disse: "Antes de o espetáculo começar, todo o teatro estava tirando fotos de Trista e as pessoas falavam pelo celular sobre ela. Trista só estava na tevê tentando encontrar um homem — que tipo de talento é esse? Tudo isso aconteceu por causa da televisão."

Dan, assessor de imprensa do *Saturday Night Live*, entre muitos outros clientes, afirma que, quando SNL tem um convidado que já tenha aparecido em um programa popular, a audiência costuma ser maior do que quando o convidado é um astro de cinema. Na opinião dele, hoje é a televisão que tem o poder de criar as verdadeiras celebridades.

Chris Gardner, da *People*, é de Iowa. Ele riu quando eu lhe disse o que Dan havia me contado, e observou que uma das pessoas mais famosas da cidade de Des Moines é o homem que sorteia os números da loteria ao vivo na tevê todas as semanas.

Posso não ter a fama do homem da loteria de Des Moines, mas, assim que comecei a trabalhar na Page Six, comecei a receber telefonemas me convidando para ir a programas como *Entertainment Tonight, Inside Edition, Access Hollywood* e *Extra*. No começo, adorava ir, embora não fosse muito boa nisso. Mas, quando percebi que, na verdade, estava trabalhando para esses programas — sem receber um centavo —, parei.

Na vez seguinte em que um produtor do *Extra* me telefonou, fui direta: "Quero ser paga." Ele respondeu imediatamente: "Tevê é publicidade gratuita. Não pagamos a nenhum dos convidados de nosso programa porque estamos lhes fazendo um favor." Eu não concordava. Até aquele ponto, tudo o que eu tinha conseguido indo àqueles programas fora o reaparecimento de um monte de malucos do meu passado e, certa vez, o telefonema de um construtor perturbado de New Jersey que queria fazer sexo comigo (proposta da qual declinei).

O poder da tevê **129**

Mas acabei conhecendo Bradly Bessey, o segundo no comando de *Entertainment Tonight*, que me convenceu a trabalhar de graça para ele até poder negociar um contrato comigo. Desde então, eu e o *The New York Post* colhemos os frutos dessa decisão. Agora, pessoas de todo o país me conhecem. Pessoas em minha cidade natal lêem on-line minha coluna do *Post*. Pessoas de todo o país me telefonam para contar fofocas porque meu nome tem um rosto e elas se sentem mais à vontade falando comigo do que com outro repórter que nunca viram.

É engraçado, porque aparecer na tevê dá uma certa legitimidade a você e a seu produto, mesmo se você paga para isso, como no caso do aludido Sr. Raper. Alguém saberia que diabos era uma faca Ginsu — para não mencionar que é a melhor marca no ramo — se há muito tempo a Ginsu não tivesse pago por longos comerciais na tevê?

De certa forma, a mesma idéia é verdadeira em relação a Martha Stewart, que, em última análise, ganhou credibilidade, fama e fortuna (e, no final, algum tempo na cadeia) com seu próprio programa, que era basicamente um longo comercial dela mesma. A tevê pode lançar você ou seu produto de um modo inigualável. Pense na carreira de Jules Asner. Ela era uma atriz pouco importante quando conseguiu um cobiçado cargo de âncora no então pouco conhecido programa *Wild On*, da rede *E!* Dois anos depois, estava ancorando o noticiário da *E!* e apresentando seu próprio programa, *Revealed with Jules Asner*. Ei, quem é Jules Asner? Ela acabou deixando tudo isso para ir para Nova York com o marido, o diretor de cinema Steven Soderbergh. Porém, mesmo depois que parou de aparecer na tevê, continuou a ser cercada por fãs e fotógrafos aonde quer que fosse, porque havia se tornado um nome permanentemente em destaque. Agora, Jules voltou à cena como uma das apresentadoras de *Life & Style*, uma cópia barata do programa *The View*.

Algo muito semelhante aconteceu com Ben Curtis, um louro bobo e irritante que se tornou nacionalmente conhecido como o estúpido garoto-propaganda da Dell Computer. E há todas aquelas mulheres anteriormente obscuras em *The View* que ganharam

130 um QUÊ especial!

celebridade instantânea depois que Barbara Walter as escolheu para co-apresentar seu bate-papo diário. Eu não estou dizendo que é fácil você se tornar a versão local do dr. Phil. (Apresentador de televisão e escritor, guru da auto-ajuda. *N. do E.*) No entanto, mais uma vez, se estiver bem preparado, não se atrapalhar facilmente e for isso o que realmente quer, também não é impossível.

Veja a antiga promotora pública Lis Wiehl. Três anos atrás, ela era apenas mais uma advogada. Então, começou a aparecer no canal Fox News como um contraponto "liberal" para alguns dos convidados mais conservadores da emissora. Ela era inteligente, vestia-se bem e conseguia um bom desempenho diante de todos aqueles homens que gritavam. Hoje, Lis tem um contrato longo e altamente lucrativo com a Fox e, recentemente, assinou um vantajoso contrato para dois livros com uma editora de Nova York — tudo resultado daquele primeiro e bem-sucedido aparecimento na tevê.

E quem teria ouvido falar do advogado Mark Geragos se ele não tivesse representado Winona Ryder e, portanto, posado inúmeras vezes para os paparazzi? Contudo, a advogada mais apreciadora de câmeras do mundo é Gloria Allred, que gosta tanto dos casos que atraem a atenção pública e das oportunidades de fotos que proporcionam que chegou a ter um episódio do desenho *South Park* dedicado a ela. O fato é que é essencial usar o poder da televisão de um modo construtivo e que vise ao futuro, um modo que ajude você a conseguir o que quer (isto é, não indo ao programa de rádio de Jerry Springer e contando a seu namorado que está dormindo com a irmã dele). Mas, primeiro, você tem de saber o que os produtores procuram.

1. O que um produtor quer

Até mesmo para as pessoas que não estão interessadas em se tornar personalidades da tevê em tempo integral, a telinha é uma ótima ferramenta promocional. Ninguém sabe disso melhor do que Bill Shine, produtor executivo da Fox News — um profissional que construiu a sua reputação e a da Fox News sendo um homem "comum". Sob a liderança do infame Roger Ailes, em apenas cinco anos Shine e sua equipe alcançaram a audiência da CNN, e, agora,

O poder da tevê **131**

a Fox News tem regularmente o dobro da audiência da bem mais antiga emissora a cabo. O que é preciso entender em Bill é que ele *é* realmente um homem comum. Não se formou em uma universidade da Ivy League; foi para a State University de Nova York, em Oswego. E ele sabe o que as pessoas comuns querem. Sabe o que faz alguns convidados da tevê brilharem e outros fracassarem. Mas, primeiro, ele tem de encontrá-los.

Bill explica: "O modo como procuramos por convidados é igual ao que acontece quando você joga uma pedra em um lago e se formam círculos concêntricos. Você começa no meio, com as pessoas mais próximas da história, os principais jogadores. Veja o caso do assassinato de Laci Peterson. Você vai até os membros da família, os advogados de defesa, os promotores públicos. Se, por algum motivo, isso não dá certo, você vai até a próxima camada, a dos amigos pessoais e vizinhos. A camada seguinte poderia ser a dos professores da universidade, das pessoas que a conheciam ligeiramente, trabalhavam com ela. Acho que houve pessoas do salão de beleza que cuidavam do cabelo dela. Então, você continua a se distanciar do centro. O círculo mais externo de todos é o das autoridades no assunto. Dessa forma, você apenas se expande, ficando o mais perto possível da história.

Como isso se aplica a você? É desse círculo mais externo das autoridades ou especialistas no assunto que é possível tirar lições e se tornar parte. Todas essas pessoas tiveram de começar em algum lugar. Então, onde Shine as encontrou? "O melhor acesso", disse-me ele, "é o do círculo concêntrico. Em algum momento, essas pessoas estiveram no primeiro círculo formado pela pedra. Há anos, Gloria Allred teve uma ligação com Clinton e Mônica e toda aquela história. Mark Geragos teve seus próprios casos que atraíram a atenção pública. Em outras palavras, você encontra essas pessoas porque em algum momento estiveram no primeiro círculo e, agora, estão entre seus contatos. E, como elas estiveram no primeiro círculo: a) começaram a se tornar conhecidas porque tomaram parte em uma grande história, b) começaram a se tornar conhecidas porque estavam na tevê o tempo todo e também c) porque tiveram discernimento. Entenderam o que os produtores

132 um QUÊ especial!

queriam, e formaram relacionamentos com outros produtores". Tire vantagem do fato de que este é um mundo pequeno! Quando você está na lista de contatos de alguém, continuará lá... Pelo menos por algum tempo. Quase nunca me desfaço de contatos, simplesmente porque não tenho tempo para isso. Na última vez em que o fiz, foi porque tive de arquivá-los em um lugar, de tamanho monstruoso, e encontrei cartões praticamente roídos pelas traças — muitos dos contatos mudaram de emprego cinco vezes desde que vi os seus cartões. Mas o caso é que, para entrar numa lista de contatos, você precisa ter algo a oferecer em uma determinada história. Então, para você se tornar um contato sempre requisitado — uma pessoa sem a qual eu não posso mais viver —, tem de ser coerente e mostrar repetidamente que sabe o que está fazendo. Bill Shine e eu concordamos com o fato de que os produtores querem convidados inteligentes que compareçam ao programa preparados, não cheguem dois segundos antes de uma transmissão ao vivo com barba ou cabelos espetados e uma camiseta rasgada (a menos que estejamos falando de Sean Penn). Os produtores querem pessoas que entendam que a televisão é um veículo de comunicação visual, estejam lá para falar e falar bem, tornem o programa bom. O que quero dizer com isso é que, se você for ao *Hannity & Colmes*, o produtor poderá dizer: "Ei, só para você ficar sabendo, este é um programa de debates. Não é um programa em que você apenas se senta e bate um papo. Então, por favor, sinta-se à vontade para opinar se achar que o outro convidado está errado, não deixa você falar ou fala tolices." Se você for um convidado do programa do apresentador Bill O'Reilly, provavelmente dirão a você: "Escute. O Bill é agressivo. Se você também quiser ser, seja, mas primeiro se certifique de que conhece Bill O'Reilly. Guarde a sua *persona* polida e solícita para Greta Van Susteren." (Apresentadora do canal Fox News. *N. do E.*)

Howard Karen, da revista de cinema *Premiere*, concorda. Ele me disse: "Os produtores sempre procuram uma pessoa que se conecte de algum modo com o público, quer isso signifique que o público a adorará, desejará protegê-la, se empolgará com ela ou a temerá. É claro que isso é fingir que há muitas qualidades diferen-

O poder da tevê **133**

tes nas pessoas, embora um homem valentão na vida real possa não parecer assim na tela — essas são coisas muito diferentes." Howard me disse que eles procuram pessoas "que possam traduzir isso em um bom desempenho. O que funciona na câmera é algo muito diferente do que funciona na vida real".

Carlota Espinosa, produtora de moda do programa Fox 11, em Los Angeles, está sempre procurando especialistas que não sejam personalidades da tevê para pôr no ar. O que ela procura em um convidado? "Gostamos que as pessoas se divirtam", disse, "que tenham muita personalidade. E, é claro, você tem de parecer preparado para a câmera". O que isso significa para ela? Carlota explica que não se refere necessariamente à beleza física. O importante é que a pessoa "tenha um bom senso de estilo".

Então, qual é essa aparência de tevê?

Travesti na tevê, Parte 2: estou falando sério em relação a isso. Meu escritório no *The New York Post* fica no prédio da Fox News e quase todos os dias encontro com âncoras como John Gibson, Sheperd Smith ou Bill O'Reilly. Todos os três são muito másculos, mas, quando saem do estúdio por um minuto para tomar um pouco de ar fresco, estão irreconhecíveis com toda a maquiagem e produtos para cabelos! E as mulheres ficam piores. Pense na pior paródia de *Harper Valley PTA* (Série de tevê do final da década de 1970 que tinha como personagem central uma mãe de comportamento liberal demais para a época. *N. do E.*) e é isso o que elas parecem pessoalmente com toda a maquiagem da tevê. MAS, no ar, parecem normais, quase naturais... A lição aqui é: carregue na maquiagem para a tevê, mas lembre-se de tirá-la depois.

2. *Luzes brilhantes, cabelos volumosos*

Ter uma boa aparência na TV é diferente de ter uma boa aparência na vida real.

134 um **QUÊ** especial!

Você já viu pessoas que acabaram de sair de um estúdio? Freqüentemente elas parecem drag queens. Estão usando toneladas de maquiagem porque uma espinha parece lepra na telinha. Você sabe aqueles círculos escuros delicados debaixo de seus olhos, que um homem lhe disse que eram sedutores? Na televisão, eles a fazem parecer um esqueleto com os buracos dos olhos. Tudo em você é exagerado, ampliado e exacerbado. O adágio de que a tevê engorda cerca de cinco quilos não é conto-da-carochinha. Mas eu diria que engorda 15.

E quanto às roupas? O produtor Bill Shine diz que quer pessoas que pareçam ter "respeito" pelo programa e pela audiência. Mas ele acrescenta que tudo isso depende da situação. Eu digo que ter a aparência certa se resume em bom senso — e muito mais maquiagem. Pense nisso como o ato de se vestir para uma entrevista de emprego, ou imagine o que o âncora local poderia usar no ar e imite-o. Faça a barba! Tome um banho! Alise os cabelos! E não exagere no decote, a menos que vá ao programa de Howard Stern! (Personalidade do rádio, tevê e literatura norte-americanos conhecido pelo humor negro e por suas imposturas. *N. do E.*)

Uma boa declaração é curta, cativante e direta. Há uma velha máxima a respeito de programas sobre celebridades como *Entertainment Tonight*: se deixam você falar no ar por mais de trinta segundos, fez um "Grande Segmento". Minha mãe sempre se queixa de que não me vê quando estou em um programa, mas provavelmente é porque ela piscou os olhos. Embora eu possa ter gravado um segmento de meia a uma hora, depois da edição, fico no ar pelo tempo aproximado de um espirro — isso significa que, se você espirrar, não me verá! Nos tempos atuais, os programas de tevê tentam pôr cerca de cinqüenta novas histórias em um segmento de meia hora e, quanto menos você falar e mais incisivas forem as suas palavras, mais chances terá de ficar no ar e ser convidado a voltar.

3. A arte da declaração-chave

Um velho truque para dar uma boa entrevista é tentar incorporar a pergunta à resposta. Digamos que o entrevistador comece o segmento dizendo: "Soube que o mais quente este ano são as suas faixas para cabelo feitas a mão." Sua resposta seria algo assim: "Bem, Jacques, você está certo. O mais quente este ano *é* a minha linha de faixas para cabelo. Elas vendem como água. Mal tenho tempo de tecê-las! E faço pessoalmente todas elas!" A resposta para cada pergunta deve ser clara e única, porque a própria pergunta pode ser cortada na hora em que o segmento for ao ar. E sempre seja específico. Se alguém lhe perguntar, por exemplo, sobre os seios de Janet Jackson, não responda falando sobre "os seios dela". Em vez disso, repita o nome: sempre se refira aos "seios de Janet Jackson". Em outras palavras, dê a impressão de que sabe do que está falando, responda rápida e concisamente, sem silêncios embaraçosos. Eles são considerados pausa na transmissão, e um tabu. Bill Shine se refere a esse tipo de pausa como o efeito Nasa: "Você já viu os astronautas sendo entrevistados ao vivo do espaço?", perguntou-me. "O âncora diz: 'Então, vocês estão nessa missão para ver se as formigas se reproduzem no espaço.' O diretor corta para os astronautas, que respondem: (pausa) 'Sim.' Não faça isso. Quando o entrevistador lhe perguntar algo, responda imediatamente." Meros segundos de "pausa" farão os telespectadores mudarem de canal.

Michael Musto, o repórter de fofocas do jornal *Village Voice*, certa vez escreveu uma coluna hilária sobre esse tema. Começou assim: "Olá, meu nome é Michael e sou uma prostituta das declarações-chave. Sou uma daquelas pessoas que você vê na tevê a cabo dando opiniões acadêmicas sobre o desastroso declínio de Winona Ryder... Você tem de agir como se cada gravação fosse sua oportunidade de estrelato e brilhar com seus comentários espirituosos."

Michael exagerou um pouco em sua coluna, mas, de modo geral, está certo. Além do mais, seus telefonemas sempre têm retorno. (Michael pode ser visto com seus óculos fundo de garrafa, sua marca registrada, em *VH-1* ou no *E! Channel!*) Ele é uma figura!

136 um QUÊespecial!

A lista da preparação para a TV:
Cabelos? Verifique.
Maquiagem? Verifique.
Roupas ou outros trajes profissionais? Verifique.
Algo a dizer? Opa...

Lembre-se de pesquisar, definir e repetir no ar. Saiba do que está falando e o diga simples e rapidamente, e repita o tema da pergunta feita.

4. O lema dos escoteiros: sempre alerta

Sempre chegue para se apresentar na televisão munido de algo interessante e divertido para dizer. Planeje com antecedência. Howard Karren diz: "Quando você faz isso, todos ficam satisfeitos. Caso contrário, é constrangedor, há calmaria e espaços, e nada acontece. Admiro Jim Carrey porque está sempre preparado."

"Quando você lida com a imprensa e o público, isso é trabalho", adverte ele. "Você é uma celebridade, uma pessoa famosa, está lá para dançar. Para fazer alguma coisa. Tenha algo preparado. Se não tiver, as pessoas se sentirão roubadas. Acharão que não investiram bem seu dinheiro."

E eis algo que aprendi com minha experiência pessoal: mantenha as mãos abaixadas. Assim deixará que as suas palavras tenham um brilho próprio, em vez de gesticular como um artista performático. Acima de tudo, conheça o assunto! Considere-o de todos os ângulos, dê informações essenciais para os produtores ou as pessoas no ar e observe o que estão pensando. Seja capaz de falar sobre o tema de um modo abrangente assim como bem detalhado.

Enquanto espera o início da entrevista, o mais importante é RELAXAR, não importa como. Cindy Adams, que disputa com Liz Smith o título de *grande dama* das fofocas nova-iorquinas, lê poesia em voz alta para se acalmar antes de entrar no ar. Em 2002, quando o *Post* insistiu em que todos os colunistas tirassem novas fotos de rosto, Cindy entrou no estúdio fotográfico com o seu fabuloso cão Jazzy (que, infelizmente, não está mais entre nós) em um dos braços e uma estola de pele no outro. Mas, antes que o fotógrafo pudesse tirar a foto, Cindy insistiu em ficar alguns minutos a sós para recitar poesia para si mesma e entrar no clima. E sabe de uma coisa? A foto de Cindy foi a melhor do jornal. Algumas pessoas podem achar o método dela tolo, mas ela conseguiu o resultado desejado, e é isso que conta.

Eu me lembro de que, certa vez, fui a uma filmagem de *VH-1* — acho que o segmento era sobre um tema de grande importância nacional, talvez "Britney: Lixo ou Tesouro?" Geralmente, em uma filmagem como essa, há um maquiador no set. Por isso, antes de sair de casa, lavei o rosto e não havia nenhum traço de maquiagem cobrindo as minhas espinhas ou bolsas debaixo dos olhos. Cinco minutos depois que cheguei, o produtor do segmento veio, olhou para mim assustado e perguntou nervoso: "...Você tem algum pó-de-arroz ou algo no gênero?" Para o meu horror, percebi que não havia maquiador, o que significava que também não havia maquiagem. Eu tive de ir com aquela aparência. Quando o segmento foi ao ar, senti-me humilhada. Nunca parecera pior em minha vida. Até mesmo minha mãe ficou chocada. Nunca irei novamente a um estúdio sem levar comigo um kit de maquiagem de emergência (para o caso de precisar).

5. Entrando no ar

Como ocorre na mídia impressa, os produtores de tevê estão sempre procurando uma boa história. Você facilita a vida deles se lhes oferece essa história e a conta de um modo envolvente. E, é claro, tudo tem a ver com facilitar a vida deles.

Então, onde encontrar uma história interessante se o seu negócio não é claramente glamouroso ou fora do comum? Lembre-se de que todos têm uma história. O truque é descobrir como torná-la irresistível e digna de ser noticiada. Se, digamos, você for um pintor de casas? Seu negócio está progredindo rapidamente e, ao mesmo tempo, você tem visto um aumento das pichações na cidade. Bill Shine dá este conselho ao pintor: "A primeira coisa que eu faria seria pegar meu carro e tirar fotos de todas as pichações que pudesse encontrar. Depois, eu as enviaria por e-mail para o diretor de notícias — basicamente, mostrando que as pichações

138 um QUÊ especial!

são um problema. Assim, a emissora de tevê local terá imagens e não precisará enviar a equipe de reportagem para fotografar todas as casas. Você fez o diretor de tevê economizar dinheiro." Ele continua: "Eu incluiria a minha biografia e diria o que posso fazer, por que vale a pena contar essa história e as pessoas ficariam interessadas nela." Agora, não há apenas o aspecto da notícia local, como também, convenientemente, você é o especialista que pode apresentar a solução para o problema. Tente ser objetivo em relação à sua história e ao motivo pelo qual ela é digna de ser noticiada. Isso não significa que você entrará sempre no ar, mas, se começar a pensar em como transformar o que está vendendo em uma boa história, e tentar facilitar o trabalho do produtor, ele ficará muito mais disposto a ouvi-lo.

Como fazer das tripas coração e dar aquele primeiro telefonema de apresentação? Shine admite que, em nível nacional, isso é muito difícil se você ainda não é famoso, mas diz: "Em nível local, você tem de se lembrar de que é um membro da comunidade — use os seus contatos ou apenas envie um vídeo de si mesmo e um bilhete dizendo: 'Se um dia precisar de alguma coisa ...'" É claro que você poderia apenas dar um salto no escuro com um amável telefonema de apresentação, ou enviar um e-mail ou uma carta, mas suas chances de entrar pela porta assim são pequenas. Carlota me contou que quando está procurando um novo convidado, sempre telefona para as pessoas que conhece para descobrir quem elas conhecem. Couri Hay, que é freqüentemente um convidado da tevê e pôs seus próprios clientes em inúmeros programas, diz: "Um dos modos mais garantidos de ser notado é saber mais do que todas as outras pessoas sobre alguma coisa. Ser um especialista sempre é um modo seguro de progredir."

6. O momento oportuno

Como ocorre na mídia impressa, há uma temporada pouco agitada na televisão durante a qual os produtores poderiam estar um pouco mais dispostos a ouvi-lo — porque não há muito mais acontecendo! Junho, julho e agosto são os meses menos agitados para a tevê. Na área de Nova York, muitas das pessoas comumente entrevistadas estão escondidas nos Hamptons e não querem ser incomodadas, por isso ainda há muitas horas na tevê a serem preenchidas. Portanto, se conseguir pensar na história certa, o verão poderá ser a época ideal para tentar contá-la.

7. Estamos ao vivo?

Sempre pergunte se uma aparição será ao vivo ou gravada antes de ir para ao ar. Isso pode parecer óbvio, mas vale a pena salientar. Se a entrevista for gravada, você pelo menos saberá que terá a chance de corrigir eventuais erros. Além disso, de todos os seus comentários profundos, incisivos e divertidos durante a gravação, o produtor escolherá o que o fizer parecer melhor. Mas, se a ação for ao vivo, o ônus será totalmente seu. É preciso prática para se sentir confiante ao vivo na tevê!

8. É preciso ter amigos

Quando você finalmente conseguir aparecer no programa de entrevistas local, o próximo passo é ... Aparecer de novo!

É claro que você deve se lembrar dos princípios básicos, como chegar na hora marcada, estar preparado e bem-vestido. Mas você também tem de ser um pouco prestativo. O que faz um produtor feliz? Um segmento que obtém muito feedback positivo. E é aí que seus amigos podem ajudar. Delegue tarefas. Faça com que telefonem ou escrevam para a emissora dizendo o quanto gostaram de ouvi-lo. Depois de um período de espera adequado, você poderá telefonar novamente para o produtor da emissora, oferecendo seus serviços.

Agora que você conhece todas as regras, é hora de se preparar para seu close-up! Luzes, câmera ...

CAPÍTULO OITO

Nem sempre tem a ver com você!
O poder de uma agenda caridosa, pró-social

Não estou dizendo que BILL E MELINDA GATES NÃO acreditem firmemente em seu trabalho em benefício das pesquisas para a cura da Aids ou que a nova sra. Paul McCartney não seja sincera em sua luta contra as minas terrestres. Tenho visto o quanto Angelina Jolie é apaixonada quando se trata de órfãos, e vamos encarar o fato de que Michael J. Fox tem muitos bons motivos para se envolver na busca pela cura da doença de Parkinson. Mas nem sempre são apenas boas intenções (ou até mesmo isenções de impostos) que motivam as celebridades a serem filantropos. A causa pública certa pode ser uma excelente divulgação, que reabilitará uma reputação um pouco manchada ou reconquistará a afeição do público após um ano de acusações de ganância, furtos em lojas, práticas comerciais monopolistas e adultério. Uma noite Ben Affleck pode ser visto à mesa de pôquer com outras celebridades; e, no dia seguinte, em uma foto visitando jovens fãs terminais em um hospital local. Após uma noitada em boates de Nova York, não é raro ver o nome de Leonardo DiCaprio ligado a uma causa, como o câncer de mama. E assim por diante. É verdade que os torneios de golfe e as partidas de pólo podem parecer diversão, apenas uma oportunidade de os ricos e famosos se encontrarem e cumprimentarem, mas o dinheiro que arrecadam também tem a caridade como objetivo.

Não são apenas as doenças graves que celebrizam ótimas causas. Em muitas cidades, várias obras de caridade contam com o apoio de instituições artísticas e culturais. É lá que muitas socialites se reúnem, seja em um baile à fantasia no Metropolitan Museum de Nova York ou em um jantar de mil dólares a entrada em benefício de uma biblioteca pública, um zoológico ou um parque. Em eventos desse tipo, as socialites têm a chance de se misturar com a realeza de Hollywood e estrelas em ascensão; as pessoas trazem um certo prestígio umas para as outras. Essas ocasiões também dão aos homens, e especialmente às mulheres, a oportunidade de usar os seus mais exuberantes trajes de alta-costura e posar para fotógrafos de jornais e revistas de todo o mundo — publicações famosas como *Town and Country, Vanity Fair, Hamptons,* as revistas *Chicago, Philadelphia, Vogue, W* — a lista é interminável. Os presentes só têm de parecer maravilhosos. Obtêm uma grande divulgação cujos únicos custos são o preço de um vestido (que, em muitos casos, é fornecido pelo costureiro) e do ingresso (provavelmente também fornecido gratuitamente para as principais celebridades, a fim de que compareçam). Afinal de contas, esse é o mundo de um pequeno grupo de pessoas que só gastam tempo umas com as outras.

Couri Hay, com quem sempre é possível contar não só porque sabe tudo sobre tudo, como também para dizer algo perspicaz, interessante e freqüentemente um pouco malicioso, analisa o alpinismo social ou a entrada na lista das celebridades: "A caridade sempre foi o modo de entrar em uma cidade grande ou pequena. Fazer o bem é uma porta."

Isso parece cínico? Lembre-se de que os sobrenomes descendentes dos maiores e mais impiedosos magnatas de séculos passados hoje estão mais freqüentemente associados às fundações de caridade que criaram do que ao fato de terem enriquecido com a exploração de trabalhadores e práticas comerciais questionáveis. Algumas das principais socialites da atualidade ajudaram seus vizinhos mais famosos a se esquecer de suas origens humildes apoiando a obra de caridade certa, e fizeram disso a sua tábua de salvação.

142 um QUÊ especial!

Veja o exemplo de Dayssi Olarte de Kanavos, nascida na Colômbia e criada no Queens, em Nova York. Ela conseguiu chegar ao topo social de Nova York se casando com um homem razoavelmente rico (sorria!) e fazendo do Sloan Kettering Cancer Memorial Fund o seu projeto favorito. Por meio dessa e de outras atividades caridosas, Dayssi ganhou a amizade de grandes socialites como Nan Kempner e os Astor, assim como de recém-chegados como os Trump. Agora Dayssi está confortavelmente instalada nas primeiras filas da sociedade nova-iorquina, usando seus fabulosos vestidos de alta-costura nas esplendorosas e badaladas festas que oferece para seus novos amigos.

Quando Lloyd Grove, colunista de fofocas do *New York Daily News*, ainda trabalhava na área de Washington, D.C., freqüentemente escrevia sobre a aspirante a socialite Kathy Kemper, uma ex-jogadora de clube de tênis que Grove apelidou de "a Becky Sharp de Washington" (em uma referência à protagonista do filme *Feira das Vaidades*). Parece que em sua abastada roda do tênis brotaram as sementes de um círculo social que lhe deu acesso a pessoas com fama, dinheiro e poder. Ela se casou com um rico capitalista de risco e, juntos, eles criaram uma fundação de caridade. Hoje Kathy é uma importante anfitriã de Washington que — principalmente por causa de seu trabalho de caridade, inclusive um torneio de tênis que levanta um bocado de dinheiro para várias causas louváveis — está no epicentro do poder social local. Grove atribuiu a posição atual de Kathy à sua rede de contatos e ao seu trabalho de caridade.

Sempre achei interessante o fato de que há uma hierarquia social no mundo beneficente, em que é preciso ter ambição, estratégia e os contatos certos (sem falar no dinheiro) para atingir o topo. Em Nova York, esse mundo é governado por pessoas como a socialite Brooke Astor. Segundo Couri Hay, para, digamos, dirigir um comitê importante, você precisa "ter um nome bastante famoso para atrair os aspirantes ... que sempre vão querer ter o seu nome no comitê". Hay diz que, em Nova York e outras cidades mais sofisticadas, "há certas pessoas que, com o casamento certo ou a aparência certa, podem fingir ter poder por uma ou duas estações".

Porém, no final, sempre se sabe quem realmente tem poder. (Ei! Isso realmente é como um romance de Candace Bushnell!) Conclui-se que estar alinhado com a caridade certa pode legitimá-lo como uma pessoa com poder e influência no mundo social. Se você for um criminoso mas tiver uma grande conta bancária, isso pode lhe oferecer redenção e reabilitação. Essa é realmente uma daquelas áreas para a qual você ainda pode comprar a sua entrada, ou a sua volta. Se tiver você nascido em Kew Gardens, Queens, Oakland, Califórnia ou no centro-sul de Los Angeles — ou ainda em uma cidade sem graça e tediosa —, pode fazer a elite se esquecer de suas raízes humildes com uma boa quantidade de dólares estrategicamente doados ou apenas se tornando membro dos comitês certos.

A Page Six sempre fez muitas "revelações" sobre a caridade, mas esta, em 2000, foi a mais informativa: "QUASE um ano após a PAGE SIX ter revelado que o Carol M. Baldwin Breast Cancer Research Fund pagou pelo carro de Mamãe Baldwin e pelo apartamento de Stony Brook, a revista *Forbes* criticou severamente a fundação por altas despesas gerais e baixa contribuição para a causa.

"A fundação criada pela mãe dos atores Alec, Billy, Daniel e Steven Baldwin gasta mais levantando fundos do que em pesquisas. A *Forbes* descobriu que 58% dos gastos anuais de 570 mil dólares da fundação foram com despesas. As outras quatro fundações que receberam notas baixas da *Forbes* são: [Evander] Holyfield Foundation, Ned Beatty Hope for Children Classic, Magic Johnson Foundation e Nicole Brown Simpson Foundation. Depois que a fundação Baldwin foi contatada pela *Forbes,* fez correções em sua demonstração contábil para diminuir 123 mil dólares de suas despesas gerais. O presidente do fundo, Michael Maffetone, disse à Page Six que a demonstração original estava errada. 'É a diferença entre o que é ou não dedutível de impostos', explicou. A demonstração contábil original da

144 um **QUÊ**especial!

fundação Baldwin referente a 1998, citada pela *Forbes*, mostra que 150.458 dólares foram gastos em torneios de golfe e 45.611 dólares, em 'despesas de jantares de gala'. Meros 241.575 dólares se destinaram a pesquisas de câncer de mama, enquanto 204.638 dólares foram deixados nos cofres para 1999.

"A *Forbes* revela que 90% dos gastos totais das fundações de caridade dirigidas por Paul Newman, Elton John, Wolfgang Puck e Stephen King foram com doações, e que elas mantiveram suas despesas gerais na casa de um dígito. 'Nossos padrões determinam que as fundações destinem um mínimo de 60% a obras de caridade, não a levantamento de fundos e despesas gerais', disse-nos Dan Langan, porta-voz do National Charities Information Bureau."

Às vezes fica muito claro que um assessor de imprensa tenha sugerido a uma celebridade com a reputação abalada que vestisse o manto da caridade. Duvido que alguém tenha pensado que o aparecimento de Michael Jackson em Capitol Hill para promover uma campanha contra a Aids na África tinha sido por acaso. É bem mais provável (e não estou apenas conjecturando aqui) que alguém o tivesse aconselhado a dar aos seus fãs outro assunto além de ser ou não legal um homem adulto dormir na mesma cama que garotos. Tampouco pude evitar me sentir um pouquinho menosprezada quando descobri que o pai da menina Jon Benet Ramsey decidiu concorrer a um cargo político. Ele foi citado pela sua declaração de que queria recompensar todas as pessoas que o apoiaram durante a investigação do assassinato de sua filha, mas eu me pergunto se não houve um assessor de imprensa sussurrando isso em seu ouvido.

É óbvio que muitas vezes a associação de uma celebridade a uma causa ou obra de caridade parece totalmente genuína e sincera. Afinal de contas, por que Tim Robbins e Susan Sarandon irritariam pessoas poderosas com suas visões políticas superliberais se não acreditassem realmente nelas? Eles definitivamente

Nem sempre tem a ver com você! **145**

não estão ajudando as suas carreiras. Eu também suponho que Sean Penn foi para o Iraque por vontade própria, sem consultar ninguém. Caso contrário, talvez ele devesse pensar em ter novos consultores.

Quando Bono Vox, do U2, e Paul O´Neill (antigo secretário do tesouro de Bush) viajaram juntos para a África a fim de chamar a atenção para a pandemia de Aids, estou bem certa de que os motivos pelos quais fizeram isso, se não foram 100% puros, pelo menos não estavam relacionados com a venda de um produto. Mas a melhor aplicação de um trabalho de caridade, social ou político é quando a causa e o motivo parecem perfeitamente compatíveis, simplesmente certos.

Para mim, o melhor exemplo disso é a Newman´s Own. Como alguém pode não amar Paul Newman e Joanne Woodward? Eles são ótimos atores há anos, tiveram sua cota de triunfos e tragédias, e são claramente pessoas que não só não se levam a sério demais, como também querem deixar algo além do legado de suas atuações. Quem poderia prever o sucesso que se tornaria a empresa Newman's Own e como seria capaz de levantar fundos para a caridade? Recentemente, vi que se expandiu para o setor de alimentos para cães!

Investigue sua fundação de caridade. Examine atentamente as demonstrações contábeis — toda fundação de caridade tem de ser registrada e declarar exatamente quanto dinheiro foi empregado em "despesas gerais" (leiam-se: salários ou festas) e quanto foi destinado ao verdadeiro benefício ou às pessoas que deveria beneficiar. Escolha cuidadosamente! Sugiro que você faça parte de uma fundação já estabelecida porque a infra-estrutura (que pode ter um custo proibitivo) já existe. Crie a sua própria se a) você for um grande astro, b) quiser dar algo em troca para a comunidade que ainda não lhe tenha sido oferecido ou c) se tiver muito dinheiro que possa investir adequadamente.

146 um **QUÊ** especial!

Outro resultado imprevisto de criatividade e dedicação sincera a uma boa causa foi o lançamento disco *Graceland*, de Paul Simon, alguns anos atrás. Ele tinha passado a adorar world music, especialmente música africana. Contudo, não queria apenas explorar essa cultura e ir sorridente para o banco. Em vez disso, viajou para a África, passou muitos meses trabalhando com músicos de lá e, finalmente, apresentou muitos artistas africanos e sua música de um modo que também deu um novo sopro de vida à sua própria carreira.

Os astros Michael J. Fox e Christopher Reeve tiveram de enfrentar graves problemas de saúde — respectivamente doença de Parkinson e uma lesão na coluna vertebral resultante de um acidente quando andava a cavalo. Eles poderiam facilmente ter pena de si mesmos ou, por vaidade ou orgulho, não deixar que seus fãs os vissem em suas condições vulneráveis. Mas ambos trabalharam incansavelmente para levantar fundos para pesquisas nas áreas de respectivas condições, apresentando eventos de caridade, escrevendo autobiografias, dando entrevistas para a mídia a fim de chamar atenção para a necessidade de mais contribuições financeiras para essas causas. Nesse processo, ficaram à vista do público e, sem dúvida, evitaram se afundar nas profundezas do "por que eu?". Dias antes de sua morte, Christopher Reeve estava, como sempre, em público, defendendo veementemente o apoio às pesquisas das células-tronco.

Considero interessante o fato de que muitas das regras da fama se aplicam igualmente bem ao apoio a uma boa causa ou a um trabalho de caridade. Você precisa se informar e descobrir o que faz melhor. Se for contador, poderá escriturar livros contábeis, trabalhar voluntariamente como tesoureiro. Se for decorador de interiores, poderá ajudar a planejar eventos e decorações. Se for gerente de escritório, terá opção de usar a sua capacidade de organizar e planejar com antecedência.

Você também precisa conhecer a mídia, saber quem está procurando o que e como conseguir cobertura para a festa ou o evento beneficente que está planejando. Envolva as pessoas certas, para que a imprensa queira aparecer e escrever sobre o evento. Você pre-

Nem sempre tem a ver com você! **147**

cisa saber fazer contatos, sair-se bem e pensar estrategicamente para promover a sua causa. Independentemente de estar ou não realizando um discreto leilão para alimentar os necessitados ou, como Jimmy Carter, usando sua considerável influência em prol de um grupo como Habitat for Humanity, ou se for apenas um voluntário na clínica de repouso local, estará realizando um bom trabalho que o fará se sentir bem — e, ao mesmo tempo, lhe dará um pouco de boa divulgação!

CAPÍTULO NOVE

Mantendo o sucesso e a fama

Andy Warhol previu que todos serão famosos por 15 minutos. A história está repleta de pessoas que tiveram seus 15 minutos de fama antes de cair no esquecimento. Inclui políticos que cumpriram um mandato e depois foram afastados por escândalos ou incompetência, ou apenas porque o eleitorado decidiu que queria alguém melhor; empresários e mulheres que enriqueceram rapidamente mas acharam muito mais difícil permanecer no topo do que chegar lá; inúmeros artistas, astros pop e atores; até mesmo pessoas que alcançaram sua breve fama não em razão de realizações ou talento, mas de algo sórdido ou vergonhoso — lembra-se de John Bobbitt? (Americano que teve parte do pênis cortada pela esposa com uma faca de cozinha e ganhou as manchetes dos Jornais. *N. do E.*)

Também é verdade que há pessoas que alcançaram sua posição por meio de trabalho, talento ou beleza, mas depois cometeram um deslize e passaram a ser sempre definidas não por suas realizações anteriores, mas por seus erros. Alguém se lembrará do político conservador Gary Condit por sua atuação no Congresso americano e não por seu caso com Chandra Levy? (Ex-estagiária do Departamento de Justiça, em Washington, assassinada em 2001. *N. do E.*) Hoje você pode pensar em Farrah Fawcett sem pensar em sua piração no programa *Late Night* com David Letterman. (Seu comportamento surtiu comentários sobre problemas da atriz com álcool e drogas. *N. do E.*) Está certo, é discutível se a

Mantendo o sucesso e a fama **149**

história dos mamilos de Janet Jackson foi erro ou golpe publicitário, mas você vai pensar primeiro em sua música e depois em sua grande gafe, ou ao contrário? (A cantora teve um dos seios exposto no show do intervalo da decisão do Super Browl em 2004. *N. do E.*) Bill Clinton, sem dúvida, passará o resto da vida tentando se certificar de que os livros de história enfocarão seus feitos como presidente, em vez de suas escapadas com uma estagiária. A primeira coisa de que você se lembra sobre o senador democrata americano Gary Hart é o fato de que ele foi fotografado em um iate chamado *The Monkey Business* com uma mulher que não era a dele no colo? Ou que o ator Rob Lowe era mais conhecido antes de seu papel em *West Wing* por ter estrelado um vídeo pornográfico caseiro?

Por mais que seja difícil ter seu grande momento, seja na televisão, no cinema, na política, na música ou nos negócios, é bem mais difícil manter o sucesso e a fama ao longo do tempo. É preciso ter sorte, um bom julgamento e muita habilidade para permanecer no topo, e quem conseguiu fazê-lo sabe que a dificuldade começa *depois* que se chega lá.

Então, o que você pode aprender com os mestres? Agora, que seu nome obteve destaque, seu novo empreendimento vai de vento em popa, você conseguiu seu primeiro papel de ator, gravou seu primeiro disco ou entrou para o comitê de caridade que queria, como se certificar de que não estragará tudo?

1. Não tenha nada como certo

Antes, neste livro, alguns dos principais assessores de imprensa falaram sobre seus maiores clientes e como os verdadeiros superastros se esforçam muito para ser afáveis, preservar suas reputações e seus cheques de pagamento todos os meses e oferecer um pouco — ou até mesmo muito — em troca.

Freqüentemente vejo ser cumprida aquela velha máxima de que, quanto mais alto se sobe, maior a queda. Assim como a imprensa e o público adoram ajudar uma pessoa a subir, parecem também adorar ajudá-la a cair, se tiverem essa oportunidade, particularmente se, na subida, ela não tiver demonstrado bastante gratidão.

150 um **QUÊ** especial!

Por exemplo, muitas pessoas acham que Russell Crowe terá dificuldade em ganhar outro Oscar, mesmo se o merecer, porque, com muita freqüência, ele se comporta mal em público (e terminou seu relacionamento com a atriz queridinha da América Meg Ryan). (Talvez Russell Crowe devesse encontrar uma causa de caridade para abraçar!) O ator Colin Farrell parecia estar com tudo quando foi capa de diversas revistas, logo após seu fantástico papel como Danny Wentworth em *Minority Report — A Nova Lei*. Mas, depois disso, sempre que se apresentava em público parecia bêbado e desgrenhado, e se comportava como um cafajeste com as muitas mulheres com quem namorava. Ele corre o risco de se tornar um clichê. Courtney Love é outro exemplo assustador de fama e talento fora de controle. Em poucos anos, ela passou da realeza do rock, durante seu casamento com Kurt Cobain, o vocalista da banda Nirvana, e os dias gloriosos de sua banda Hole, a um renovado triunfo (lembra-se de quando ela começou a usar roupas que não eram "rock desleixado"?), e então a tudo o que é o oposto de "A Mãe do Ano".

Os colunistas de fofocas — eu detesto admitir isso, mas é verdade — se alimentam desse tipo de virada na sorte. Todos nós estamos prontos para pegar as nossas facas, esperando que Britney Spears vomite em público ou Winona Rider seja apanhada furtando em lojas. Talvez um pouco disso seja porque realmente sabemos de muitas coisas que não podemos publicar — porque não temos confirmações suficientes, embora tenhamos ouvido repetidamente os boatos, ou um assessor de imprensa, executivo de gravadora ou ALGUÉM nos tenha implorado por um favor, e então tivemos de deixar passar algo tão tentador, tão picante ...

Pode parecer que alguns grandes nomes como Nicole Kidman, Renée Zellweger, Tom Hanks, Steve Martin, Robin Williams (está certo, ele ainda está tentando se redimir por ter deixado a esposa para se casar com a babá) — alguns atores de primeira classe — obtêm tamanha cobertura da mídia porque são tão bem-sucedidos que não podem ser tocados. ERRADO! Esses astros são afáveis, profissionais que trabalham duro e são sempre gentis e responsáveis. Eles não só sabem o que é preciso para permanecer no topo

Mantendo o sucesso e a fama **151**

como também que seu status não os isenta de ter de seguir as regras do jogo — em vez disso, faz com que sejam constantemente examinados de perto por estarem em seu grande momento. Isso significa que é melhor que tenham um comportamento exemplar e assessores de imprensa confiáveis para ajudá-los quando cometerem as inevitáveis pequenas infrações.

A maioria de nós adoraria ser Jennifer Aniston e Brad Pitt — magníficos, ricos, cheios de amigos, aparentemente muito apaixonados. Por outro lado, eles não podem comprar móveis sem causar um pequeno tumulto. As pessoas estão sempre vasculhando seu casamento em busca de pontos fracos. Há uma especulação constante e intensa sobre sua vida sexual. (Eles não estão transando o suficiente, e será por isso que ela está demorando tanto para engravidar? Ele está com Angelina Jolie?) E, ainda assim, esses dois sempre mantiveram sorrisos em seus rostos e nunca se queixaram (como muitos fazem) das dificuldades da fama. Eles têm consciência de que estão entre os poucos privilegiados e sabem o que é preciso para permanecer nessa companhia seleta.

Que conselho é possível tirar disso? Somente "ter conseguido" não significa que tenha garantido um lugar no topo. Cerque-se de pessoas inteligentes e honestas que não temam lhe dizer quando está se comportando como um idiota. Sempre seja grato pelo que tem e saiba que todo o trabalho que teve para atingir o seu objetivo ainda é necessário. Martha Stewart é uma mulher incrivelmente inteligente e talentosa que se afastou de muitas pessoas ao longo do caminho, e alguns dizem que pagou por isso com o veredicto de culpada.

2. Cultive a elegância sob pressão

Para mim, Karen "Duff" Duffy resume esse conceito. Ela é uma das mulheres mais belas do planeta, ex-personalidade da MTV, modelo da Revlon e atriz, além de ex-namorada de alguns dos homens mais famosos do mundo, inclusive George Clooney e Dwight Yoakum.

Contudo, tempos atrás ela recebeu o diagnóstico de uma doença grave e freqüentemente fatal, cujos sintomas são muito

152 um QUÊ especial!

dolorosos. Em *Model Patient*, o livro que escreveu sobre sua condição, descreve o que fez para manter o ânimo durante a pior fase da doença e manter o ânimo de seus amigos e familiares. Karen não ficou sentada se perguntando "Por que eu?", embora certamente tivesse todo o direito de fazê-lo. Hoje, muitos anos após o diagnóstico inicial, ela convive pacientemente com seus sintomas. Tem um ótimo casamento, há pouco tempo se tornou mãe e sua carreira como escritora e personalidade da tevê vai de vento em popa. Mas algo impossível não notar em Karen é que ela é uma pessoa corajosa e dispensa o melhor conselho de muitas pessoas em quem posso pensar. Seu mantra é ir adiante sempre que possível, surpreender seus caluniadores não com sua raiva, mas com sua capacidade de ficar acima do conflito. Sem dúvida, elegância sob pressão.

3. *Use o poder da reinvenção*

Não preciso dizer outra palavra aqui: Madonna. Não sei o quanto essa mulher na casa dos quarenta anos é popular entre os adolescentes, mas certamente está sendo tão bem-sucedida quanto outras pessoas! Madonna é um gênio em relação à sua imagem. Quando a fase dos cabelos com mechas e o kit *Like a Virgin* pareceram correr o risco de se desgastar, ela ficou nua, loura platinada e começou sua fase dominatrix, deixando para trás o bad boy Sean Penn e ficando com o ultra-sofisticado e mais velho Warren Beatty. Então, veio a sua fase empreendedora/rainha, quando pareceu que sua imagem estava totalmente estabelecida sobre a capacidade de controlar sua carreira, construir um império. Ela se tornou mãe, mas aparentemente não fez outro uso do pai de sua filha além do de doador de esperma. Entrou em uma nova fase quando conheceu e se casou com Guy Ritchie, mudou-se para a Inglaterra e teve outro filho. Escreveu livros infantis e os promoveu entre grupos generosos de senhoras. Madonna descobriu a Cabala e convidou amigas famosas como Gwyneth Paltrow e Demi Moore para se juntarem a ela, tornando-se uma espécie de mãe espiritual. Em cada nova fase, adotou um novo estilo, mantendo com isso o seu lugar nas revistas

Mantendo o sucesso e a fama **153**

de moda. Não parece mais importar se seus discos são os mais vendidos ou se seus filmes são hits. Ela é um ícone.

Demi Moore é outro exemplo de uma pessoa que mudou totalmente a sua imagem, revivendo uma carreira que parecia morta. É claro que, em uma encarnação anterior, ela foi conhecida por seus vigorosos movimentos profissionais, seu casamento com Bruce Willis e sua grande ambição (inclusive a disposição de posar nua para *Vanity Fair* quando estava grávida, assim como para raspar a cabeça e ganhar músculos como Arnold Schwarzenegger). Então, fez vários filmes de sucesso e depois pareceu ter saído totalmente de cena. ELA VOLTOOOOOU! Produziu os filmes de Austin Powers, do alto de seu retiro em Idaho. Depois, aceitou um papel pequeno mas importante na seqüência de *As Panteras*. Antes de o filme ao menos ser lançado, começou a fazer um pouco de propaganda aqui e ali, maravilhosa com seu ótimo corpo de quarenta anos e seus cabelos brilhantes.

Então, surgiu com o ator Ashton Kutcher e subitamente Demi era de novo a estrela mais popular, embora não tivesse estrelado nada durante anos. Isso é que é se reinventar!

Acredite em mim — Demi desperta a inveja de mulheres na casa dos quarenta e está mudando sozinha o que os homens na casa dos vinte pensam das mães de seus amigos...

É preciso dizer uma coisa sobre Bob Dylan: até mesmo ele sabe como se reinventar. É verdade que ainda canta muitas das mesmas músicas do início de sua carreira e que sua aparência não mudou muito (embora sua voz tenha subido cerca de três oitavas). Mas, associando-se a pessoas como a cantora Sheryl Crow ou concordando em aparecer em um comercial da Victoria's Secret, você tem de admitir que ele está mostrando o quanto é capaz de lutar!

4. Continue mostrando o quanto você é bom no que faz — e mantenha sua integridade

O Senador John McCain é uma figura pública extraordinária. Democratas ou republicanos não podem evitar admirar esse homem. Enquanto tantos senadores fazem pouco e se gabam do

154 um QUÊ especial!

pouco que fazem, McCain tem todos os motivos para agir como se tivesse todas as respostas. Contudo, é sempre direto, honesto e humilde, e essa humildade não é falsa. Ele foi um prisioneiro de guerra, mas não tira essa carta da manga sempre que é conveniente. Sua agente literária, Flip Brophy, presidente da Sterling Lord Literistic, diz que sempre fica admirada com o quanto ele é prático e receptivo às pessoas que precisam dele e pouco dado a "conversas de político". "Flip é realmente o homem que você vê na televisão dando opiniões sensatas, honestas e que não visam ao interesse pessoal", diz ela. "O que você vê é autêntico, e é por isso que ele se tornou esse herói." Esse é um modo de permanecer no topo!

Ou veja o treinador de basquete Phil Jackson. Todos os times em que esse homem toca se transformam em ouro. Por quê? Li em algum lugar que quando ele se tornou treinador dos Los Angeles Lakers, deu a cada membro do time um livro diferente para ler, relacionado com o que ele considerava os maiores pontos fortes e desafios do jogador. Phil acha que o seu trabalho é mais do que o de um treinador de basquete. Vê os seus jogadores como pessoas inteiras, seres espirituais, assim como atletas — uma visão proveniente de suas crenças zen-budistas. Independentemente de você achar que isso é sincero ou não, o caso é que funciona. Phil não só é o treinador mais vitorioso da história da NBA, como é citado em muitos livros importantes de administração por suas habilidades de liderança.

A jornalista Diane Sawyer também vem à minha mente quando penso em pessoas que são ótimas no que fazem e também em permanecer o topo. No início de sua carreira, muitos a viam como apenas outro rosto bonito falando para as câmeras. Ela provavelmente concordaria com o fato de que contou com o impulso inicial de sua boa aparência — afinal de contas, ganhou um concurso de beleza —, mas quem imaginaria que seu próximo passo seria trabalhar como pesquisadora/escritora para o Presidente Nixon? Trabalhar na Casa Branca lhe deu um tipo de credibilidade, que de outro modo talvez não tivesse conseguido. Como jornalista de televisão, ela tem sido incansável. É famosa por seu preparo, por não criar fama e se deitar na cama e ainda ansiar pela grande notícia. É uma pessoa maravilhosa, amiga e prática, que sempre demonstra senso de humor em relação a si mesma e ao mundo que a cerca. Participa ativamente das coisas que acontecem em Nova York e está sempre disposta — apesar de trabalhar até de madrugada — a estender a mão e seu nome a várias causas. Para não mencionar que Diane e seu marido Mike Nichols parecem um casal totalmente dedicado, e que ela é vista como uma das mulheres mais elegantes da América. VÁ EM FRENTE, DIANE!

5. *Quando tudo o mais falhar, participe de um reality show*

Donald Trump deve ter nascido com uma boa estrela (embora também tenha instintos de marketing fantásticos e seja um astuto empresário). Mais de uma vez, as pessoas disseram que ele estava falido, acabado ou simplesmente que era irremediavelmente cafona com o seu penteado e tudo o mais.

Durante anos, ele esteve no centro do cenário social de Nova York e, claro, é uma das pessoas responsáveis pela revitalização de Atlantic City. Mas com o reality show *O Aprendiz*, da NBC, voltou para a linha de frente e o centro das atenções com sua grande personalidade, suas contratações e demissões.

Veja Jessica e Nick, ou Sharon e Ozzy Osbourne. Poderá haver um momento em que essas pessoas desaparecerão da consciência pública, não serão tão onipresentes, visíveis o tempo todo. Mas, por enquanto, o reality show as tornou gigantescas. Se sua carreira, seu negócio ou sua reputação estiverem começando a declinar, posso lhe dar o número do telefone do pai dos reality shows Mark Burnett. Só não me telefone na hora do fechamento para pedi-lo.

6. *A paciência é uma virtude*

Quando vejo algumas das pessoas com poder mais duradouro, penso não só nas longas e duras horas que trabalharam, como também em todas as dificuldades que enfrentaram, seus muitos altos e baixos. É verdade que a maioria dessas pessoas nunca chegou ao total esquecimento e que os momentos difíceis não duraram mui-

156 um **QUÊ** especial!

to, mas ninguém é a personalidade do mês todos os meses, durante toda sua carreira.

Veja o exemplo de Larry King. Um dia considerado o rei das entrevistas triviais em um canal a cabo menos importante, agora é o homem procurado para toda grande notícia, toda grande celebridade.

Independentemente de você a amar ou odiar, Suzanne Somers (Estrela de cinema e de séries de tevê com diversos produtos licenciados em seu nome. *N. do E.*) é a única mulher que conheço capaz de fazer a menopausa parecer um momento de olhar para a frente e — puxa vida — ela está tendo mais sexo agora do que Hugh Hefner. (Fundador da revista *Playboy. N. do T.*) Ou pense em Anna Wintour, editora de *Vogue.* Ela realmente não teve de esperar muito para ver sua arqui-rival Tina Brown passar por três revistas e depois deixar a indústria para trás — enquanto Anna segue em frente, serena e bem penteada como nunca.

Não se preocupe, Tom Cruise — um dia desses, você ganhará seu Oscar. Seja paciente.

AGRADECIMENTOS

Agradeço a meus amigos e familiares, Leigh Haber, Todd Shuster, os rapazes da Page Six e do *The New York Post,* ao pessoal da Miramax Books e a todos que contribuíram para a produção deste livro, com entrevistas ou de outras maneiras... De todo o coração.

Você pode adquirir os títulos da EDITORA BESTSELLER
por Reembolso Postal e se cadastrar para
receber nossos informativos de lançamentos
e promoções. Entre em contato conosco:

mdireto@record.com.br

Tel.: (21) 2585-2002
Fax.: (21) 2585-2085
*De segunda a sexta-feira
das 8h30 às 18h.*

Caixa Postal 23.052
Rio de Janeiro, RJ
CEP 20922-970

Válido somente no Brasil.
Consulte mais informações em nosso site:
www.editorabestseller.com.br

Este livro foi composto na tipologia Minion, em corpo11/13,
impresso em papel off-set 75g/m² no sistema Cameron da
Divisão Gráfica da Distribuidora Record.